Liliana Cannavò

Non chiamatemi matta

Bonfirraro editore

Viale Ritrovato, 5
94012 Barrafranca - Enna
Tel. 0934.464646 telefax 0934.1936565
www.bonfirraroeditore.it
info@bonfirraroeditore.it

ISBN: 978-88-6272-285-8

Cannavò, Liliana <1969->

Non chiamatemi matta / Liliana Cannavò. -
Barrafranca : Bonfirraro, 2022.
ISBN 978-88-6272-285-8
853.92 CDD-23 SBN Pal0355588

CIP - Biblioteca centrale della Regione siciliana "Alberto Bombace"

Sei matta

Sei matta, mi dicono!
Sei matta!
È questa la croce che mi porto addosso...
che mi strema
mi emargina
e mi logora dentro.
È quel marchio che mi inghiotte anche il respiro.
Che ha l'odore rancido dell'ignoranza.
Il sapore amaro della pena altrui.
Una fitta nebbia autunnale che aleggia attorno a me,
e che rende la mia vita, una vita triste e insopportabile.

Liliana Cannavò

Manicomi mentali

La verità è che purtroppo il manicomio, la follia, la camicia di forza, i matti pericolosi, incurabili e imprevedibili, esistono ancora, e vivono tra di noi, nelle nostre teste spesso piene di pregiudizi.

Lo stigma e la discriminazione sulla malattia mentale oggi sono ovunque: tra grandi e piccoli, edotti e ignoranti, nelle famiglie, nelle strade, nei locali, nelle scuole. È lì che s'insinuano e si alimentano giorno per giorno. Come? In un insulto gratuito, in uno sguardo di paura ingiustificata, una spalla che si volta, o in un sorriso sarcastico.

Subire oggi tale stigma significa vivere nell'esclusione, nella vergogna e soprattutto nella solitudine. L'OMS (Organizzazione Mondiale della Sanità) lo ha definito un '*marchio di vergogna e disgrazia che porta a escludere l'individuo dai contesti sociali*'.

Finché nelle nostre teste ci saranno 'matti da legare o matti da evitare' il mondo della disabilità mentale ci farà inutilmente paura.

Se rimaniamo indifferenti a tutto questo scempio morale daremo spazio a milioni di *manicomi mentali* dove, giorno dopo giorno, trascineremo dentro creature innocenti, persone meno fortunate dei nostri figli, dei nostri genitori, dei nostri nipoti, e di Noi cosiddetti sani.

Quello che possiamo fare oggi è aprirci alla conoscenza, al sapere, accettando la malattia mentale come una qualsiasi altra malattia dell'essere umano da prevenire e curare.

Se si ammalano i polmoni, il cuore, il fegato, perché non possono ammalarsi il cervello e l'anima?

Liliana Cannavò

Prima parte

Genova

Prologo

Il giorno in cui Ione nacque, sua madre scelse il suo nome sia per essere originale, sia perché temeva che in ospedale la scambiassero con le altre bambine nate lo stesso giorno. A soli dodici mesi Ione fu data in adozione alla coppia di coniugi Parodi, i quali decisero che l'avrebbero chiamata Adelina. Se è vero come sostenevano i romani che il nome di una persona è *anche* il suo presagio, eccole il suo servito su un piatto d'argento. Ione fa infatti rima con *depressione* e Adelina fa rima con *adrenalina.* Per i romani dunque il destino di Ione/Adelina era già stato scritto: sarebbe diventata una bipolare.

A soli ventitré anni le fu riconosciuto dai medici, il cosiddetto Disturbo Bipolare II. Le dissero che la sua vita sarebbe stata un'altalena di umori, e che sarebbe perciò passata dai leggiadri piaceri dell'euforia, alla depressione. Da quel momento, l'idillio della sua 'innata' allegria subì un duro contraccolpo, e lei passò dall'essere per tutti la *'simpaticona'* del gruppo, all'esser considerata la *matta.* Un terribile marchio che segnò e cambiò il resto della sua vita.

Quando era solo una bambina, i suoi genitori la chiamavano *Adelina ribellina* per via della sua inarrestabile vivacità, che molto spesso esasperava la pazienza della madre. Crescendo il suo temperamento era rimasto per lo più lo stesso: estroverso e talvolta anche un po' bizzarro. Come quella volta al funerale dell'anziano zio Crispino. Pensando di fargli cosa gradita, Adelina aveva sistemato con cura dentro la tomba di quest'ultimo i reggicalze in pizzo nero che egli aveva collezionato segretamente nel corso di tutta la sua vita. L'iniziativa di Adelina fece inorridire alcuni parenti piangenti, e ridere a crepapelle molti altri. Ma superò se stessa quando, un pomeriggio, salì su una nave merci ancorata al porto di Genova, sua città natale, dicendo al marinaio di guardia di essere la figlia del capitano. Purtroppo per lei, la nave salpò pochi minuti dopo mentre era ancora in cambusa a curiosare come un topo in cantina. Tina, sua madre, dovette andare a riprenderla a Cagliari il giorno dopo. Quando la nave gettò l'ancora la bocca di Tina sputava fuoco anziché aria. Adelina era una ragazza con tanta voglia di vivere e di godersi la vita. Talvolta però si chiudeva a riccio anche per giorni e senza alcun motivo specifico, segno comunque che il bipolare l'attendeva al varco.

Capitolo 1

«Adelina, mi sente? È ora di svegliarsi cara. Coraggio, le ho portato il suo pranzo. Mangi tutto, ripasso tra un po'», le sussurrò all'orecchio l'infermiera. Adelina aprì lentamente gli occhi, richiudendoli subito come se avesse avuto un faro bianco puntato in faccia. Era distesa con le braccia lungo i fianchi, sotto lenzuola fredde e bianche come neve. La luce della stanza era cupa e la finestra ben chiusa. Non capì né dove fosse, né cosa facesse in quella stanza grigia. Sollevò il braccio sinistro e sul polso vide lui: il braccialetto del suo tormento. Largo e in plastica bianca, con un codice a barre e il suo nome impresso a caratteri cubitali.

Di nuovo qui? Dio mio no! Perché? pensò spingendo avvilita la nuca contro il cuscino. Provò ad alzarsi ma sentì il suo corpo pesante come cemento e la testa girare come una girandola. Si arrese, mentre timide lacrime scendevano dagli occhi inumidendo le sue labbra secche e screpolate. Quella mattina per lei non era un giorno come tanti. Compiva venticinque anni e mai avrebbe pensato di trascorrere il suo compleanno su un letto d'ospedale, in psichiatria.

«Cara, vuole che l'aiuti a tirarsi su?», le chiese l'infermiera mentre sistemava una piega del lenzuolo. Adelina scosse la testa. «Ok, come desidera», le rispose gentilmente. «Se dovesse cambiare idea, mi chiami». Alzando il mento in direzione del pulsante rosso che pendeva sopra il suo letto.

«Aspetti, la prego!». L'infermiera tornò indietro e si sedette al suo fianco sorridendole.

«Perché mi trovo qui?», le chiese con un filo di voce.

«Non ricorda nulla?».

«No!», le rispose con la lingua impastata e la bocca amara.

«Cara, stamattina lei è stata trovata dentro un cassonetto dell'immondizia. Rovistava dentro dicendo qualcosa come: lasciatemi... il ragù, il ragù. Questo lo ricorda?», le domandò mentre le carezzava il caschetto di riccioli castani, increspati come una parrucca di carnevale. Adelina scosse la testa incredula.

«Capisco. Stia tranquilla cara, presto ricorderà ogni cosa. Si riposi o provi a mangiare. Passerò dopo».

Adelina sospirò a lungo, poi chiuse gli occhi.

Qualche ora prima

Come tutti i lunedì mattina, Adelina sonnecchiava sotto le coperte, aspettando che la sua famiglia uscisse di casa e le lasciasse quel magico piacere di godersi la libertà di avere tutta la casa per sé, prendersi i suoi tempi in bagno e gestire la giornata secondo i suoi desideri. Avrebbe fermato il tempo per godersi quella meravigliosa sensazione del 'sacro lunedì' mattina, anche se alle sette puntuale come un orologio a cucù, sentiva dalla cucina la voce stridula di sua mamma urlare: «Adelina, vita di mamma tua, hai preso i farmaci?».

«Certo mamma, li ho presi alle sei e mezzo come ogni mattina, stai tranquilla».

«Adelina, vita di mamma tua, non vai a lavorare?», infilandosi il cappotto all'ingresso.

«No mamma, oggi è il mio giorno di riposo. Resto ancora un po' a letto e poi preparerò una torta per festeggiare».

«Festeggiare cosa?», chiese mentre finiva di abbottonarsi. «Ah già, vero tesoro! Oggi è il tuo compleanno. Auguri. A pranzo ti sbaciucchio un po'. Adesso però alzati e vedi di riordinare la tua stanza. Fai attenzione mi raccomando...», concluse scuotendo il capo con preoccupazione come chi non sa mai cosa aspettarsi da sua figlia.

«Sì, mamma stai tranquilla. Buon lavoro. Ah grazie per gli auguri», aggiunse Adelina sbuffando.

Da quando i dottori avevano detto a Tina che sua figlia era una bipolare di tipo II lei la sorvegliava h.24 temendo tutti i pericoli esistenti e inesistenti di questo universo, compreso quello parallelo.

Quando finalmente la porta di casa si chiuse, Adelina si alzò dal letto. Da quel momento la piccola abitazione in cui viveva con la mamma e Simone, suo fratello minore, le apparteneva completamente. Il programma della sua mattinata libera era piuttosto semplice: riordinare casa, preparare il ragù per il pranzo, e la *torta quadratona* per il suo compleanno. Se poi le fosse rimasto del tempo libero, avrebbe disegnato un po'. Disegnare era una delle cose che le riusciva piuttosto bene. Si era diplomata al liceo artistico con il massimo dei voti, ma poi dopo aver vinto un concorso come bibliotecaria a Genova, si era lasciata sedurre dal piacere dello stipendio fisso, e aveva abbandonato gli studi artistici al primo anno di università. Alle undici circa, l'appartamento era già stato tirato a lucido mentre lei scalpitava in cucina, cantando

"Ciao mamma, guarda come mi diverto..." la canzone del suo idolo Lorenzo Cherubini, alias Jovanotti. Lo adorava in tutte le sue sfumature. Andava a tutti i suoi concerti e naturalmente era iscritta al suo fan club. Qualche mese prima, durante un concerto a Milano, era riuscita a eludere la sorveglianza per un *selfie* lampo con lui. Il giorno dopo lo aveva fatto stampare in formato poster, e appeso alla parete della sua stanza, come se fosse un'immagine sacra da venerare tutti i giorni.

Mentre in cucina il ragù cominciava a borbottare sul fuoco, e lei piroettava allegramente con pentole e coperchi, le vennero in mente le due buste di spazzatura che giacevano sul balcone da almeno un paio di giorni. Si tolse il grembiulino in cotone con ricamato sopra REGINA DEI FORNELLI, prese in mano le buste, il mazzo di chiavi di casa, e uscì chiudendosi la porta alle spalle con un piede. Fuori il tempo era senza personalità. Grigio e silenzioso. Quell'anno a Genova febbraio era stato piuttosto buio e piovoso, e nei vicoli del centro storico in cui si affacciava l'appartamento, il buio pareva ancor più fitto che di notte. Scendendo per le scale incontrò Maria, l'anziana e pettegola vicina di casa. Adelina non provava simpatia per quella donna, soprattutto da quando l'aveva soprannominata: 'la matta del secondo piano'. Comunque dopo aver lanciato le due buste dentro al cassonetto, si avviò verso casa. Frugando dentro le tasche dei pantaloni, non trovò le chiavi dell'appartamento. Ripercorse quindi per ben tre volte il tratto di strada fino ai cassonetti, ma niente da fare le chiavi erano sparite. A quel punto si sentì rammollire le gambe come crema pasticcera e squagliare il cervello come neve al sole.

«Qualcosa non va?», le chiese Maria con la sua solita aria da ficcanaso incallita e la dentiera traballante.

«Tutto bene signora, stia tranquilla».

Intanto l'ansia di Adelina cresceva a dismisura pensando al ragù sul fuoco, peraltro a fiamma viva. *Per la miseria, dove diamine sono finite?* Si domandava rifacendo la strada verso i cassonetti per l'ennesima volta. Era ormai certa che fossero finite lì dentro insieme alle due buste che aveva lanciato come una sposa lancia il suo bouquet. *Lo devo fare per forza, non ho alternative.* Pensò. Si guardò intorno, poi fece un lungo respiro e saltò dentro il cassonetto con l'agilità di una gattina. L'impatto olfattivo con la massa di rifiuti fu a dir poco rivoltante. L'odore nauseabondo di pesce putrido e uova marce miscelate a odore di urina, le causò forti e continui conati di vomito. Dovette affondare il naso nel suo maglione profumato alla lavanda, per riprendere fiato. Cominciò a rovistare. *Eppure devono essere qui dentro* continuava a ripetersi mentre spostava pacchi e pacchettini.

«Adelina, che fai lì dentro? Vieni via... dai! Oh, Madonna Santa!».

Era Maria, la quale sporgendosi con il viso all'interno del cassonetto, la guardava come se fosse un aliena precipitata lì dentro direttamente dallo spazio. Cercò perfino di tirarla fuori afferrandola per un braccio. Lei la scansò dicendole che era tutto okay, esortandola a tornarsene a casa. Purtroppo in quella geometria di movimenti incontrollati, le sferrò involontariamente un sonoro ceffone. La scena si consumò sotto gli occhi impauriti del marito della signora Maria, che preoccupato dai possibili risvolti, sistemò la faccenda a modo suo. Cinque minuti dopo, da una stradina laterale, si sentì arrivare un'ambulanza a sirene spiegate seguita da una volante dei vigili urbani.

«Lasciatemi stare, sto bene, sto solo cercando le chiavi di casa...», ripeteva al nulla.

Lo sguardo sbalordito dei sanitari non prometteva rose e fiori. Tentò allora la strada della supplica, «vi scongiuro, lasciatemi stare, vi assicuro che sto bene. Non è come sembra, so quello che faccio».

La tirarono fuori con la forza mentre lei continuava a gridare, «no vi prego, il ragù il ragù, il ragù è sul fuoco». Cercò di liberarsi dalle loro grinfie, cadde, si trascinò sull'asfalto zigzagando e quando provò a rialzarsi uno dei medici la stava già pizzicando con un ago lungo e sottilissimo. Nel palazzo quella mattina girò voce che: 'la matta del secondo piano' ne aveva fatte una delle sue. Il ragù naturalmente si bruciò e la casa rischiò di andare in fiamme.

Quando circa mezz'ora dopo, si ridestò da quegli orrendi ricordi si sentì inghiottire dall'angoscia. Scosse la testa nel tentativo di cancellare quel disastro, e provò ad alzarsi. Barcollando di qua e di là, riuscì a raggiungere il bagno. Aprì il rubinetto e si massaggiò a lungo il viso con l'acqua fredda. Si guardò poi allo specchio. *Oh mio Dio, che orrore che sono,* pensò portandosi le mani sulle guance. Con movimenti lenti provò poi a rimuovere il rimmel ormai sbiadito sotto gli occhi, che le segnava due occhiaie scure e gonfie come cuscinetti su un incarnato pallido.

Sentì salire un conato di vomito, quindi si accasciò sul lavandino. Era madida di sudore, e dovette fare lunghi respiri sperando che i conati le passassero. Il sedativo che le avevano dato sembrava averle tolto anche la forza di respirare, ma non di vomitare. Non voleva chiedere aiuto ai medici. Avrebbe sopportato in silenzio. In quel reparto temeva tutto: di fiatare, di ridere e di piangere. L'ultima volta che era stata loro 'ospite' un'accesa lite con sua madre aveva determinato il rinvio della sua dimissioni, di altri cinque lunghi giorni.

Qualche ora dopo, il sedativo cominciò a capitolare e lei a riprendersi. Nella sua stessa stanza era stata ricoverata da qualche minuto una giovane donna, che se ne stava seduta ai bordi del letto silenziosa. La donna teneva tra le braccia un plaid rosso arrotolato, che cullava e accarezzava come se fosse un neonato, mentre gli sussurrava parole simili a una dolce nenia. Rispettò quegli impenetrabili silenzi della donna e non le rivolse la parola. Il pomeriggio, come era ormai sua abitudine in quel luogo tetro quanto una chiesa sconsacrata, prese carta e penna e con la tristezza nel cuore scrisse a lui.

Capitolo 2

"Ciao disturbo bipolare. Rieccoci qua, io e te in questo reparto a soli due mesi dall'ultimo ricovero. Complimenti! Anche stavolta sei riuscito a intralciarmi la vita. Sai una cosa? Comincio a essere stanca di te. Ti rendi conto che qualsiasi cosa io faccia, dica o pensi, tu mi metti nei guai? Parliamo di stamattina. Secondo te, cosa c'è stato di così tanto 'strano' o folle in quel che ho fatto? Cercare le chiavi di casa, in un cassonetto dell'immondizia soltanto per evitare un incendio è così strano? Beh ok, forse un po' stravagante, ma sai come si dice? 'il bisogno aguzza l'ingegno' e io sono molto creativa in questo. Mi domando allora: se la stessa cosa l'avesse fatta la fornaia pensi che adesso sarebbe qui ricoverata in un reparto di psichiatria? Pensi che sarebbe stata trascinata con forza e sedata come una squilibrata pericolosa e senza speranza? Beh, penso proprio di no. Sono molto addolorata per quanto è accaduto. E adesso? Se tutto va bene, dovrò sottopormi a una rimodulazione dei farmaci, e vedere il mio strizzacervelli chissà per quante volte a settimana solo per dimostrargli che non sono la matta che credono io sia. Sai una cosa, bipolare? Comincio a non capirci più nulla di te. Mi confondi e mi complichi l'esistenza. Non capisco neanche perché tu sia entrato nella mia vita. Nonostante io non ti voglia, tu non mi lasci. Perché? Anche quando mi nascondo, tu continui a trovarmi. Sai un'altra cosa? Dovresti pensare di partire e lasciarmi vivere la mia vita tranquilla come qualsiasi altra giovane ragazza della mia età. Quando due anni fa sei entrato nella mia vita, ero ancora una ragazzina piena di belle speranze. Sognavo una vita diversa, e soprattutto senza psicofarmaci. Non dimenticherò mai il tuo

arrivo. Come un mostro hai avvinghiato Ione, la parte di me che fa rima con depressione, e mi hai trascinata dentro un tunnel di tristezza senza fine. Quel buio mi ha avvolto anche l'anima e mi ha logorato per due lunghi mesi. Se ci penso provo tanta tenerezza, forse anche pena, per come mi hai fatto stare. Ricordo che le mie povere palpebre erano pesantissime, si chiudevano di giorno e si aprivano la notte, avviluppandomi nella morsa della malinconia più tetra e profonda che si possa sperimentare... ti sentivo come un bruto che mi soffocava la voglia di vivere, sorridere ed esistere. Fu in quell'occasione che i medici mi dissero: «Adelina Ione Parodi, sei affetta da Disturbo Bipolare II», e dannazione a te, da quel momento non ci siamo più lasciati. Anzi, tu non mi hai più lasciato, io farei volentieri a meno di te, sai? Vorrei la vita che tutte le giovani donne della mia età hanno. Vorrei gridare al mondo: basta, non chiamatemi matta. Non ditemi stramba. Vorrei tante cose insomma, ma vorrei soprattutto un umore meno ballerino. Lui oscilla come le lancette di un orologio a pendolo: depressione-euforia- depressione-euforia... anche se non spesso e non in maniera esagerata. Eh già. Tu sei anche questo. Sei come un bambino dispettoso che fa i capricci e bum bum spari a raffica fuochi d'artificio sul mio umore, facendomi svegliare repentinamente da quel dolce dormire, per catapultarmi in un universo tinto di energia e voglia di vivere, che i medici chiamano euforia. Sai un'ultima cosa?"

Adelina sentì il telefono squillare. Era la *receptionist* dell'ospedale che la informava dell'arrivo di sua madre. Lei non voleva assolutamente vederla. Non avrebbe avuto la forza e la capacità di sopportare l'interrogatorio fiume e le inevitabili accuse che le sarebbero piovute addosso come aghi di ghiaccio appuntiti. Lasciò il foglio sul comodino, e si stese sul letto. Si tirò le lenzuola fin sopra la testa e chiuse gli occhi. Il buio le dava conforto e la dolce illusione di trovarsi nel suo letto di casa. *Forza e coraggio Adelina! Vedrai, presto uscirai da qui,* si ripeteva per farsi coraggio. Si era trattato soltanto di uno spiacevole malinteso, e tale consapevolezza lucida, quanto insindacabile, era la sua vera forza. Doveva solo dimostrarlo ai medici e poi affidare all'inesorabile oblio, anche questa triste esperienza.

Capitolo 3

La mattina dopo Adelina iniziò l'ormai collaudato iter terapeutico. Incontrò innanzitutto lo psichiatra di turno, ovvero l'uomo che avrebbe cambiato il suo destino. Ma lei questo ancora non lo sapeva.

«Buongiorno Adelina, sono il dottor Freni. Prego accomodati», disse invitandola a entrare.

Adelina entrò nel piccolo ambulatorio sospirando il suo disappunto, mentre un forte odore d'incenso penetrava nelle sue narici. *Ma che ci fa con tutto questo incenso, le sedute spiritiche?* pensò storcendo il naso mentre lui chiudeva la porta alle sue spalle. Non lo aveva mai visto in ospedale, né tanto meno aveva sentito parlare di lui. Il suo camice bianchissimo, stirato a meraviglia le suggerì però che doveva essere arrivato da pochi giorni o addirittura da poche ore. Il dottore si sedette alla sua poltrona e lo fece con la stessa flemma di un monaco buddista che si prepara a meditare. Tutto – eccetto lui – in quella stanza parlava Zen. Dai quadri raffiguranti il Buddha, alla musica *relaxing* che si udiva in sottofondo. A tradire l'aria esotica dell'ambulatorio erano però i tanti farmaci ammucchiati su un lato della scrivania, e le decine e decine di cartelle cliniche impilate in maniera disordinata su un mobile basso alle sue spalle. La calma del dottor Freni presto innervosì Adelina che aveva un solo desiderio in quel momento: tornarsene a casa.

Era ormai stanca di doversi giustificare per qualsiasi cosa facesse o dicesse. Si sedette incrociando le braccia sotto il seno, e tacque fissando la sedia che aveva di fronte. Come una bambina dinnanzi ai suoi genitori che la stavano punendo ingiustamente.

«Allora?», proseguì il medico con tono gentile. «Come stai?».

«Beh, direi piacevolmente rimbambita dottore».

Adelina sollevò gli occhi su di lui. Lo guardò storto per qualche secondo senza proferire parola. I lineamenti occidentali del suo volto, le diedero la certezza che non fosse il monaco Zen in camice bianco che poteva sembrare nel contesto di quell'ambulatorio. Il dottore annuì lasciandole la parola, mentre lei continuava ad accavallare le gambe come se non riuscisse a stare ferma oltre i due secondi.

«Il vostro "hotel" si presenta molto curato. Il menù è a cinque stelle. Il parco? Ah dottore, quello è un paradiso del relax. Nulla da ridire», rise a labbra strette. Poi proseguì.

«Il personale è inoltre garbato e sempre disponibile. Peccato però che non abbiate un servizio taxi efficiente per poter scappare da questa prigione maledetta», scrocchiando le dita delle mani. Si voltò poi verso di lui, lo guardò dritto negli occhi e con sguardo di rimprovero aggiunse.

«Non ho null'altro da aggiungere, *dottore*».

Il dottore l'ascoltò attentamente e la osservò in religioso silenzio.

«Comprendo il tuo stato d'animo Adelina, e mi rincresce che tu stia male», le disse con tono pacato piegando il busto in avanti. «Per nessuno dei nostri pazienti è un piacere stare qui. Per molti è però necessario per la loro stessa incolumità. Ma adesso parliamo di te. I miei colleghi mi hanno informato dei recenti fatti accaduti, ma vorrei sentire *la tua* versione, non soltanto la loro».

Adelina si alzò. Poggiò le mani sulla scrivania e lo guardò dritto negli occhi.

«A che serve dottore, se poi non mi crederà? Per voi psichiatri noi siamo solo dei matti, ossia '*esistenze*' da curare, null'altro che questo. Beh sa cosa le dico? Vi sbagliate e spesso».

Il dottore rimase molto colpito da quelle parole. Vi percepì un grido di profonda disperazione che solo poche volte aveva sentito così vero. Cercò di rassicurarla usando un tono il più possibile informale e carezzevole.

«Cara Adelina siamo essere umani anche noi, sai? Talvolta può capitare di sbagliare ma ti assicuro che facciamo del nostro meglio affinché ciò non accada».

«Che vuole dire? Che mi ascolterà? Che mi crederà? O farà finta di credermi e dopo mi aumenterà la terapia...», gli urlò mettendogli davanti gli occhi una confezione di Haldol Decanoas, presa al volo dalla montagna di farmaci sulla scrivania. «Fate sempre questo sporco gioco. Sempre!», concluse con voce spenta gettando la scatola sulla montagnetta trattenendo le lacrime.

Il dottore si alzò, affondò le mani nelle tasche laterali del suo camice e prese a camminare. Lei lo seguì con la coda dell'occhio. Era un uomo piccolo e rubicondo, poteva avere all'incirca trentotto anni portati male ma almeno era gentile e sembrava che volesse realmente ascoltarla.

«Adelina», le disse sedendosi di fronte a lei. «Vista la tua comprensibile riluttanza, vorrei offrirti due opzioni», lei annuì guardandolo di sbieco in silenzio.

«Sentiamo!».

«Opzione numero uno: conoscerti nel *profondo* curandoti corpo e anima attraverso il dialogo e i farmaci. Opzione numero due: *curarti* con i farmaci *punto e basta*... Scegli tu», concluse accavallando le gambe.

Quelle parole le piacquero: avevano un suono diverso da quelle che aveva sentito fino ad allora. Prese fiato e guardandolo negli occhi replicò.

«La prima dottore!».

Avrebbe voluto dare libero sfogo alla sua voglia di piangere, ma si morse le labbra e distolse lo sguardo da lui.

«Ho tanto bisogno di qualcuno che mi ascolti, e non che finga di farlo. Qualcuno insomma che...», balbettò «che... mi ascolti con l'anima nuda, senza pregiudizio alcuno. Capisce cosa voglio dire? Sono stanca, stanca di questi ricoveri, come dire... *necessari*», mimò le virgolette.

«Bene Adelina, allora partiamo subito dal principio. Ti va?». Le chiese il dottore dopo aver aperto il notes ed essere tornato alla sua poltrona.

«Okay. Okay», sussurrò lei chiudendo gli occhi come chi vuol farsi una ricarica di coraggio prima di scendere in campo. Infilò poi le mani a pettine tra i suoi ricci, sospirò e cominciò a parlare.

«Sono nata in un paesino della pianura Padana. I miei genitori naturali si sposarono molto giovani, pare per amore. Mio padre era un insegnante di lettere, mia madre casalinga. Quando venni al mondo, avevano già una figlia di tre anni. Erano felici per il mio arrivo, fino al giorno in cui qualcuno della famiglia, non so chi, fece due più due e successe il putiferio».

«In che senso?», alzando gli occhi dai suoi appunti criptati.

«Nel senso che sono il frutto del Disturbo Bipolare di mia madre dottore, e di un DNA a tre fossette».

«Aiutami a capire meglio, Adelina».

«Certo dottore».

Adelina spostò con una mano i tre piccoli Buddha allineati sulla scrivania lato computer, e li dispose a triangolo.

«Mia madre biologica...», indicando il primo Buddha, «...durante una delle sue tanti crisi di euforia sfrenata andò a letto con il cognato», indicando il secondo Buddha. Sfortunatamente per lei, quell'uomo aveva una caratteristica fisica che lo rendeva unico, anzi sarebbe meglio dire che *ci* rende unici…», si alzò e gliela mostrò.

«Le fossette di Venere!», esclamò lui sorpreso.

«Esatto dottore, ma come può vedere, ne ho tre invece di due».

«Un vero e proprio segno distintivo...», commentò lui mentre lei tornava a sedersi.

«Quando poi la faccenda delle tre fossette venne a galla perché qualcuno fece due più due», indicando il terzo Buddha, «quella stronza di mia madre pensò bene di salvare le apparenze, tenersi stretto il marito, e mollare me in un istituto. Quando fui adottata dai Parodi avevo pochi mesi di vita. Dio li benedica per questo».

«Hai loro notizie?».

«No, non so più nulla».

«Vorresti?».

«No dottore. Non voglio sapere altro».

«Comprendo».

«Mi hanno "buttata" via come un frutto ammuffito, come la figlia della vergogna o del peccato, proprio a me», dandosi dei colpetti al petto, preludio di un crollo emotivo «a me, che di colpe non ne avevo».

Adelina sollevò le gambe al petto cingendole con le braccia. Sembrava che volesse consolarsi con il suo stesso calore. Affondò il viso tra le ginocchia. La musica in sottofondo non riuscì a coprire il suono del suo doloroso pianto a singhiozzo che l'avviluppava togliendole il respiro. Il dottore lasciò i suoi appunti. Si alzò per sederle vicino. Le offrì dei fazzolettini di carta e un delicato sorriso empatico. Adelina del suo dolore non era mai riuscita a parlare con nessuno, nemmeno con suo padre; l'uomo che amava più di ogni altra cosa al mondo. Ma quella mattina, in quell'ambulatorio dell'ospedale che tanto disprezzava, era avvenuto il suo piccolo miracolo.

«Mia madre», continuò dopo essersi asciugata le lacrime, «il giorno in cui mi abbandonò in Istituto, consegnò alla Madre Superiora una foto di noi due ritratte il giorno della mia nascita. Nella parte posteriore si legge: *Mi dispiace Ione… non potevo fare diversamente. La mia malattia ha deciso la tua venuta al mondo, ma non il mio cuore. Perdonami se puoi*».

Adelina accartocciò in un gesto quasi meccanico il fazzolettino madido di lacrime e lo ripose in tasca, prendendone un altro dalla confezione di Kleenex. Guardò il dottore scuotendo il capo e concluse.

«In concreto, mi ha lasciato in eredità il *suo* disturbo bipolare, *et voilà* se n'è andata per sempre senza voltarsi indietro».

«Da chi hai saputo…».

«Da chi ho saputo tutto questo?», lo interruppe lei.

Il dottore annuì.

«Da Tina, mia madre adottiva. All'epoca dei fatti lei era amica della Madre Superiora dell'Istituto».

«Continua».

«I Parodi fecero richiesta di adozione al tribunale. Qualche mese dopo fui trasferita a Genova, prendendo il nome di Adelina Parodi».

La seduta proseguì per oltre un'ora. Bussarono alla porta. Lui non rispose e proseguirono.

«E poi?».

«Cioè? Vuole sapere quando ho saputo di essere una figlia adottiva?».

«Quando e soprattutto da chi lo hai saputo...».

Adelina esitò a lungo prima di rispondergli. Il cd smise di suonare. Il silenzio cadde freddo nella stanza facendo rimbombare forte e chiaro il battito accelerato del suo cuore.

«È una storia lunga quanto dolorosa, dottore», borbottò guardando il poster alle spalle del medico. Le sembrò che gli occhi del Buddha, non avessero più l'espressione spenta di quando era entrata nella stanza e che la guardasse con benevolenza, come se la invitasse a lasciarsi andare.

«Adelina, se preferisci, possiamo interrompere la seduta e parlarne quando ti sentirai pronta», le propose il dottore con tono professionale sollevando dal naso gli occhialini tondi e spessi che indossava di tanto in tanto per scrivere.

Adelina abbassò lo sguardo sul fazzolettino che stringeva tra le mani. Lo piegò e ripiegò. Lo ridusse a un lembo grande quanto una sigaretta poi prese a parlare.

«Nel peggiore dei modi, dottore».

«Ti ascolto».

«All'epoca, frequentavo la quinta elementare. Ero una bambina piuttosto sveglia e intelligente. Amavo leggere e studiare, sia per dare soddisfazione ai miei genitori, sia perché mi piaceva imparare. Alle riunioni con le insegnanti, entrambi uscivano dalla scuola con un gran bel sorriso stampato in faccia e la soddisfazione nel cuore. Purtroppo però ero anche la bambina più invidiata della classe, con le conseguenze del caso».

«Invidiata? Perché?», voltando la decima pagina dei suoi appunti, sempre più particolareggiati.

«Perché a differenza della maggior parte delle mie compagne, ero quella che aveva più fermagli luccicanti e zaini all'ultimo grido. Ero anche la sola ad avere un padre navigante che mi narrava incredibili storie dal mondo che attiravano la curiosità delle mie insegnanti e l'antipatia delle mie compagne. Fra queste c'era anche Carlotta, mia cugina. Una piccola vipera travestita da essere umano che godeva quando poteva farmi male. A quell'epoca, non capivo perché mi odiasse in quella maniera esagerata anche se mia madre mi diceva sempre di volerle bene. Una mattina in classe mi lanciò una bomba atomica dichiarando *"Mia zia Tina ha raccontato a mia mamma, che Adelina è la figlia di una signora pazza che l'ha abbandonata in un orfanotrofio perché non la voleva, perché era riccia e brutta!"* Concluse ridacchiando sotto il mio sguardo stupito e gli occhi che parevano fontane silenziose.

Adelina uscì dall'ambulatorio con l'anima alleggerita e colma di buone speranze. *C'è qualcuno disposto a credermi con il cuore in mano e la dottrina in testa. Sono davvero fortunata ad aver incontrato il dottor Freni,* aveva pensato tornando in camera. Tale pensiero contribuì a risollevare il suo umore e a rafforzare la speranza di ottenere la dimissione in tempi più brevi. L'atteso giorno della dimissione arrivò presto, e Tina piombò in ospedale con un'ora di anticipo. Le tremava la palpebra destra come l'ala di un colibrì, segno inequivocabile che, tanto per cambiare, era molto/troppo ansiosa. Cosa poteva esserci di peggio per Adelina, che doverla affrontare dopo sette giorni di telefonate e visite rifiutate? *Forza e coraggio sempre e comunque* si disse con tono autorevole uscendo dalla stanza di degenza.

Due anni prima

Quando Tina bussò all'ambulatorio del professore Alberto Frassi, primario di Psichiatria dell'Ospedale di Genova, era cerea in viso. Le urla, l'agitazione e il pianto di alcuni pazienti del reparto, l'avevano talmente scossa da sentirsi confusa e nervosa. Non era mai stata in un reparto di psichiatria e questo l'aveva sconvolta.

Invitata con un cenno della mano ad accomodarsi, Tina si sedette su una poltrona in attesa che il professore finisse di parlare al telefono. Scuoteva il capo guardandosi intorno. In volto aveva l'espressione risentita di chi è in cerca di spiegazioni convincenti. Il professore fumava e parlava con il suo interlocutore con una tale flemma da indisporla. Tina tamburellava le dita delle mani sulle gambe, pronta a esplodere da un momento all'altro. Sospirò una prima volta rivolgendo al professore uno sguardo insistente, sospirò una seconda volta guardando verso l'alto e fortuna volle che lui riattaccò dopo aver trucidato il mozzicone di sigaretta nel posacenere. Tina a quel punto si presentò senza preamboli o frasi di circostanza. Pochi minuti dopo, l'interrogatorio era in corso.

«Professore, mi faccia capire. Cosa vuol dire Bipolare II? Forse che mia figlia è pazza? Che presto non mi riconoscerà più? Che parlerà da sola, scapperà di casa, che vedrà mostri ovunque, e dirà cose strampalate? Mi dica t-u-t-t-a la verità, la prego». Aveva detto al professore con le lacrime agli occhi e la testa tra le mani, disperata.

«Nulla di tutto questo signora cara». Aveva risposto il professore, provando a rassicurarla.

«E allora mi dica! Non faccia il prezioso parli».

Il professore la osservò impensierito. Intuendo che quella madre sarebbe stata il problema più grave della giovane paziente.

«Signora, mi ascolti attentamente», le disse con calma. «Il Disturbo Bipolare II è un disturbo dell'umore che si manifesta, nel corso della vita, con episodi depressivi – anche lievi – alternati a episodi ipomaniacali».

«Ipomaniacali? Cioè meno pazza o più pazza? Non mi sta facendo capire nulla professore», facendosi il segno della croce.

«No signora, qui nessuno è *pazza*...», sottolineò con tono di rimprovero, poi proseguì «significa semplicemente che Adelina in fase di ipomania sarà un tantino più allegra del solito, volubile, distratta e probabilmente spenderà più soldini del solito».

«Oh, vergine Maria!». Lo interruppe lei.

«Inoltre, potrebbe essere più disinibita, ridere tanto e dormire poco».

Oh Dio mio, aiutami tu, come farò a starle dietro. Pensò.

«Professore, in poche e semplici parole mia figlia è condannata alla follia, alla pazzia… insomma a...».

«Adesso basta, signora Parodi! Le proibisco di usare simili aggettivi». Si alzò agitando le mani in aria spazientito. «Anzi la prego di accomodarsi fuori. Ho molto lavoro. Buongiorno!».

Per tutta la durata del loro incontro Tina aveva ripetuto la parola *pazza* almeno lo stesso numero di volte in cui si era si era fatta il segno della croce.

«Professore, le hanno mai detto che lei non ci sa fare proprio con le persone? Beh guardi, da oggi lo sa». Aveva replicato lasciando la stanza.

Capitolo 4

Per limitare al massimo il massacro mentale a cui sua madre l'avrebbe sottoposta in macchina, lungo il tragitto ospedale-casa, Adelina mise un cd di Jovanotti, e alzò il volume. Adagiò quindi le spalle sullo schienale, mise i piedi sul cruscotto e chiuse gli occhi sfogliando l'album dei suoi ricordi. L'album s'intitolava: Claudio Ottonello.

Era l'estate del 2011 – l'anno prima – lei stava catalogando dei libri nella biblioteca in cui lavorava da alcuni anni, quando in sala lettura era entrato il direttore. Con lui c'era un giovane che le era stato presentato come il nuovo responsabile dell'ufficio informatico. In quella prima stretta di mano lui ci impresse indifferenza, lei il suo cuore. Adelina lo esplorò in toto, perdendosi nei suoi occhi color acqua di mare, e dopo pochi minuti lo aveva già baciato con la fantasia, e carezzato con un sorriso. La stessa sera, quel giovane alto, magro e con lo sguardo smarrito, era già il protagonista assoluto dei suoi sogni notturni. Il giorno dopo delle sue poesie dedicate, e l'altro ancora delle canzoni cantate a squarciagola.

Una brusca frenata dell'auto, a ridosso di uno stop, la riscosse da quei bei ricordi, mentre la mamma continuava a parlare incurante della frenata, della musica, del suo silenzio e del traffico urbano che avrebbe stressato anche il Papa.

«Per la miseria mamma, ma non puoi stare più attenta?», le urlò abbassando i piedi dal cruscotto e guardandola in cagnesco. Tina era sempre distratta, sembrava che la mente di quella donna vagasse solo in due direzioni: verso i figli e verso Dio, entrambe le cose la rendevano la madre più snervante del pianeta terra.

«Sono attenta, ma è che...», balbettò esitante tamburellando con le dita sulla marcia.

«Cosa mamma? Cosa ti sta passando per la testa stavolta?».

«Ti guardavo e pensavo che...».

«Che? Che? Che?», sbuffò lei abbassando il finestrino dell'auto.

«Sei cosi silenziosa vita di mamma tua!».

Ecco, ci risiamo con il solito ritornello del cacchio, pensò Adelina respirando profondamente per riuscire a mantenere la calma fino a casa.

«Mica sei ancora depressa? Ti hanno dimessa prima del solito. Mi sembra strano oltre che un'imprudenza bella e buona».

Il volto di Tina era l'icona perfetta della mamma più ansiosa dell'universo. A vederla sembrava che stesse accompagnando la figlia in ospedale piuttosto che a casa.

Adelina la fulminò con un'occhiataccia e per qualche istante considerò l'eventualità di ammazzarla.

«Sto bene mamma, non preoccuparti. Stavo solo pensando alle cose che dovrò fare appena scenderò da quest'auto. Ok? Capito? Punto. Taci. Zitta. Non rompere!».

«Meglio così, vita di mamma tua», replicò lei inserendo la terza marcia puntando lo sguardo in fondo alla strada dove si pensava ci fosse il solito ingorgo per lavori in corso. Ma poi continuò.

«Giuro su Dio che saperti in quel reparto circondata da quegli infelici più di te...», scrollò il capo stringendo le labbra, «mi lacera il cuore», aggiunse facendosi il segno della croce.

Adelina la guardò scuotendo il capo indignata. Sognò per la prima volta di imbavagliarla fino a farle male e di urlarle all'orecchio "BASTA! MAMMA! BASTA! Non ti sopporto più." Comunque, per distrarsi da quei pensieri 'violenti', volse lo sguardo fuori dal finestrino mentre partiva dal cd la canzone, *'È per te'* di Jovanotti, che canticchiò a bocca chiusa fantasticando di lei e Claudio mano nella mano come quella coppia di fidanzati che le scorreva davanti agli occhi passeggiando allegramente e mangiando coloratissimi *cupcake.*

Quindici minuti dopo giunsero a casa, e solo dieci minuti dopo lei aveva iniziato i suoi 'rituali post dimissioni'. Non poteva farne a meno perché le davano la sensazione di ripulire corpo e anima dall'esperienza del ricovero. Riempiva la vasca da bagno con i sali alla lavanda, poi sistemava attorno a essa piccole candele profumate. In sottofondo musica new age: cascate, uccellini cinguettanti su prati verdi, mare calmo e fiumi di montagna. L'immersione in acqua calda poteva durare anche mezz'ora, e di regola nessuno aveva accesso al bagno nemmeno per i bisogni più urgenti. A seguire correva da Stefania, la sola parrucchiera della città che secondo lei era in grado di restituire forma e dignità ai suoi ricci spericolati. Fatto ciò era 'quasi' pronta per il grande rientro a lavoro. In verità non si sentiva *mai* completamente pronta. Diceva sempre che sarebbe dovuta passare da Lourdes, oppure dal chirurgo estetico per sentirsi realmente pronta e appagata.

Oh mio Dio, che orrore! Pensava tutte le volte che si guardava allo specchio. Con l'inizio del trattamento farmacologico, la sua taglia 40 era diventata una 42 visibile anche a occhio nudo, soprattutto sui fianchi.

Claudio, anche quella mattina, se ne stava chino e silenzioso sul suo computer. Per i suoi modi poco 'social' non piaceva a nessuno dei colleghi, ma a lei piaceva anche con i suoi 'difettucci'. Lo adorava quotidianamente, gli regalava i suoi *macarons* preferiti, il caffè e persino il quotidiano, ricevendo in cambio uno stentato «...grazie» a denti stretti se e *quando* era di buon umore. Imperterrita, pensando che si trattasse solo di timidezza, Adelina proseguiva nel suo cammino di speranza e di conquista.

«Ma la timidezza prescinde dall'educazione? Oppure ne è esonerata», le dicevano i colleghi cercando di convincerla del fatto che Claudio fosse soltanto un maleducato. Sorda e cieca, pur di stargli vicino, gli offrì il suo aiuto per catalogare al computer un centinaio di libri appena arrivati. Adelina andava quindi in biblioteca anche fuori dai suoi turni di lavoro, alimentando giorno dopo giorno, la speranza di farsi notare. Ma con quel ragazzo, il buon umore, dolcetti, scherzi e sberleffi non funzionavano affatto.

Una mattina, lui non si presentò a lavoro. Il giorno dopo neppure e così per i successivi quattro giorni. Preoccupata per la sua assenza, chiese notizie al direttore, dal quale si sentì rispondere che non erano fatti che la riguardavano e di tornarsene subito al lavoro. Claudio non rispondeva né ai suoi messaggi, né alle sue chiamate. Ma lei determinata com'era a conquistarlo, decise di andare a casa sua. *Nella vita, se non osi non saprai mai,* pensava mentre affrettava il passo emozionata e con la sua confezione di *macarons* in mano per darsi coraggio.

Gli Ottonello erano dei ricchi armatori genovesi da molte generazioni, ma della loro immensa fortuna lei non sapeva nulla, pertanto si stupì quando, giunta al civico 88 del Lungomare di Genova, si trovò dinnanzi a una splendida villa moderna su tre piani, incastonata tra grandi alberi secolari e siepi che si poggiavano su imponenti muri di cinta. Per accedervi si imbatté in un sofisticato sistema di videocitofonia antintrusione in grado di proteggere i proprietari da qualsiasi tipo di effrazione, compresa quella della polvere. Codici numerici, impronte digitali, riconoscimento fisico, registrazione vocale e tanto altro ancora misero a dura prova i suoi nervi già stremati da quella sua iniziativa temeraria.

Con il cuore guizzante di gioia e un certo subbuglio hi tech ancora nelle vene, giunse finalmente davanti all'uscio di casa.

«Oh Adelina cara, accomodati pure», le disse sorridendole l'elegante signora che le aprì la porta, indicandole il bel divano in velluto blu del salone. *Ma da dove esce questa qui? Da una puntata di Beautiful che mi son persa?* Pensò con un pizzico di invidia. L'aveva vista di sfuggita alcuni mesi prima in biblioteca, ma non la ricordava così bella. La signora teneva tra le braccia un grazioso barboncino bianco. Aveva un fiocchetto rosa in testa in *pendant* con il suo collarino in velluto di pietre colorate. A prima vista poteva sembrare un morbido peluche, ma dimostrò presto di non esserlo.

«Buongiorno signora Ottonello, mi chiamo Adelina, sono...».

«Sì, sì cara mi ricordo di te... », la interruppe scrutandola in toto, «è davvero una sorpresa vederti qui. Ma prego, accomodati pure».

La cagnetta raddrizzandosi come un serpente velenoso pronto all'attacco, cominciò a ringhiare.

«Fai la brava cucciolotta mia e dai il benvenuto alla nostra ospite... dopo mamma ti darà il tuo biscottino preferito».

Adelina provò a sorridere con *nonchalance,* poi accettando l'invito della signora, mise piede dentro. Incuriosita da ciò che i suoi occhi le rimandavano con prepotenza, gettò uno sguardo rapidissimo intorno a lei. Ampie vetrate che davano sul mare, dialogavano in perfetta armonia con il giardino esterno della villa, facendo da cornice a un salone in cui regnava lo sfarzo più assoluto. Le pareti erano tappezzate con carta da parati fiorata e rievocavano atmosfere un po' vintage. Su queste erano appesi quadri di navi storiche appartenute alla famiglia. Pavimenti in marmo lucidissimi coperti da bellissimi tappeti orientali, imponenti *consolle* dorate sovrastate da grandi specchi, lampadari in cristallo, affreschi, poltrone e divani in velluto blu e rosso cardinale, le tolsero il fiato. Uno sfarzo imbarazzante, tale da darle la sensazione di essere finita in uno dei saloni di *Buckingham Palace.* Tentando di emulare la grazia di Kate Middleton si sedette sul divano poggiando alla sua destra la piccola confezione di *macarons* per Claudio. La signora si accomodò al suo fianco, poi con un gesto ricco di eleganza, chiamò il cameriere scuotendo una campanellina in argento. Adelina non se ne capacitava. A vederla da così vicino le sembrava addirittura ancora più diva. Il viso rosato incorniciato da capelli come fili d'oro corti, mettevano in risalto un nasino alla francese e due bellissimi occhi dello stesso colore blu dei lapislazzuli che ondeggiavano ai lobi delle sue orecchie.

«Dimmi. Come stai cara?», chiese esibendo un sorriso sbiancato e di circostanza. «Claudio mi ha detto che tu... insomma che sei mancata un po' dal lavoro per via del...», proseguì mentre accarezzava la sua cagnetta che sembrava fosse caduta in trance ipnotica al tocco delle sue carezze. «Ma cosa dico, dai non importa cara, parliamo d'altro», continuò agitando le mani davanti a lei come se stesse cacciando una mosca. Il profumo Chanel, che quel gesto diffuse nell'aria le arrivò dritto al naso procurandole un pizzico. Adelina non amava le fragranze forti, ma era talmente frastornata da non curarsene.

«Sì signora, è vero, sono stata ricoverata in psichiatria ma sto bene glielo assicuro. Si è trattato di un banalissimo malinteso...». Ci tenne a precisare.

Madame beautiful l'ascoltava in silenzio arricciando di tanto in tanto labbra sottilissime di color rosso ciliegia. Adelina conosceva quello sguardo giudicante ma soprattutto quel tipo di silenzio colmo di finta benevolenza. Sorrise perciò a labbra strette guardandosi d'impulso le *sneakers,* considerandole inadatte per quel tappeto in seta pura sulle quali poggiavano. Sollevò poi lo sguardo su di lei e riportò la discussione su un terreno più sicuro.

«Comunque signora, sono qui solo per sapere come sta Claudio, non lo abbiamo più visto a lavoro e insomma...», facendosi scricchiolare le dita delle mani.

«Claudio sta bene cara. Non è stato un incidente grave».

«Incidente?», ripeté Adelina allentando la sua *pashmina* a fantasia etnica.

«Eh sì, mia cara. I n c i d e n t e».

Madame si alzò e pose con molta grazia la cagnetta su una poltrona vicina al divano. Poi con un gesto meno elegante, prese di nuovo in mano la campanella in argento e la scosse più volte nervosamente.

«Haresh, Haresh, dove diamine sei finito? Vieni qui e subito», urlò guardando in fondo al salone. «Quel birbante del mio figliuolo, è uscito in moto mentre fuori pioveva a dirotto, e a uno stop... insomma, il resto lo puoi immaginare».

«Che accidenti ci fai tu qui?». La voce di Claudio irruppe con inaspettata durezza mentre Haresh faceva il suo ingresso nel salone portandosi appresso una plateale riverenza alla sua signora, quasi imbarazzante a vedersi.

Adelina balzò dal divano sistemandosi in tempi record le pieghe della gonna con gli occhi dipinti di felicità e il caschetto gonfio per l'emozione, mentre *madame* faceva un cenno con la mano al suo domestico.

«La tua collega è passata a trovarti Claudiuccio e guarda un po'? Ti ha anche portato i tuoi biscotti preferiti». Il tono palesemente infastidito di Claudio, mise a disagio anche *madame beautiful,* la quale gli lanciò subito un'occhiata di disapprovazione avvicinandosi. Il cuore di Adelina stava precipitando nel burrone dell'imbarazzo, mentre in testa le risuonava forte e chiaro il tono con cui Claudio l'aveva accolta.

«Sì, questi sono per te Claudio, da parte mia», glieli porse avvicinandosi a rallentatore con la timida speranza di aver frainteso tono e parole. Si sentiva vibrare come un cellulare. Da molto vicino l'aspetto di Claudio non era tra i migliori che lei ricordasse. Il suo colorito era spento come il color crema del pigiama che indossava. Qualche pelo di barbetta incolta, gli incorniciava inoltre un viso smagrito e due occhi piccoli come faccette da fumetti. Non aveva alcuna ingessatura agli arti, eccetto quella che Adelina notò nel suo sguardo. Duro, fermo e scortese. Claudio, dopo averle lanciato uno sguardo accigliato, le voltò bruscamente le spalle, lasciandola con la sua scatola dei *Macarons* in mano e la delusione negli occhi.

«Vieni cara, sediamoci un po' e parliamo da donna a donna», le disse invitandola nuovamente a tornare sul divano. Diede ordine di servire subito del tè caldo per entrambe, e dei biscottini intinti nel latte tiepido per la cagnetta. Adelina si sentì piccola quanto una mandorla, ma cercò di essere forte come il guscio che la riveste. Il grande salotto della villa le dava improvvisamente un senso di claustrofobia. Avrebbe voluto maledirsi per essere stata così audace, e nella sua testa lo fece, ma ormai era troppo tardi. Dopo averle versato il tè servito dal domestico in tempo reale, *madame beautiful,* iniziò a parlarle usando dei toni morbidi, come la seta del *foulard* Gucci, che indossava su un *tailleur* gonna e giacca blu modello assistente di volo. Le parlò di un figlio che era stato cresciuto come il gioiello più prezioso della famiglia, dei progetti che avevano per lui, e poi andò al nocciolo della questione. Le tolse la tazza dalle mani, e di questo lei ringraziò il cielo, era bollente e troppo costosa per una sbadata ed emozionata come lo era lei in quel momento. Si alzò dirigendosi verso la porta, le mise un braccio sulle spalle, dicendole: «Cara Adelina, sei una bella e cara ragazza, vedrai lì fuori ci sarà anche per te un bravo ragazzo che ti sta aspettando. Ne sono certissima. Lascia stare

Claudiuccio… Adesso vai, vai!», poi agitando le mani concluse: «Non vorrai far tardi?».

«Uhm», sibilò lei affondando nel suo cappotto *Disegual*. Uscì dalla villa con il cuore sottosopra, dispiaciuta come se le avessero sputato in faccia. *Una mosca sarebbe stata cacciata più elegantemente,* pensò amareggiata dirigendosi alla fermata del bus. Passeggiò per le vie del centro città. Meditò a lungo. Si fermò a un bar e ragionò. Si sedette su una panchina e ponderò. Attraversò la strada e considerò. Poi decise. Stop a Claudio.

Qualche giorno dopo, lui tornò a lavoro. Qualcosa nel suo comportamento era cambiato. Ma cosa? Cosa stava succedendo nella testa di quel ragazzo dall'aspetto d'angelo ma dal carattere misterioso?

Capitolo 5

Inspiegabilmente Claudio divenne affabile con tutti, spiritoso, e anche molto disponibile. In poco tempo si conquistò la simpatia dei colleghi e delle colleghe. Con lei passò dal musone ostinato, all'occhiolino furbetto del *latin lover*. Nessuno riusciva a darsi una spiegazione logica di ciò, ma in fin dei conti a nessuno importava darsi una risposta a riguardo. A nessuno, eccetto ad Adelina. *E se fosse un bipolare anche lui? Magari in fase di euforia? Per la miseria, ci potrebbe anche stare!* considerò, mentre rispondeva imbarazzata all'ennesimo sorriso smielato di lui. *Oppure sarà stata la mia indifferenza a scuoterlo?* pensò mentre estraeva il suo cellulare vibrante dalla borsa. *E comunque, mo' che faccio?* si domandò dopo aver trovato sul suo cellulare un fiume di messaggi provenienti dal suo numero.

Adelina non riuscì però a rimanergli indifferente a lungo. Quindi rispose! Rispose con la sua mitica allegria. Rispose con la sua passione per lui. Rispose per come il suo cuore aveva desiderato da mesi. L'emozione le fece gonfiare a effetto parrucca il suo caschetto, che pareva gridare al mondo: *urrà sono innamorata e ricambiata.* Il riccio – cosiddetto Africa – dei suoi capelli castani, sembrava seguire l'onda del suo mood: gonfio quando era felice, floscio quando era infelice. Adelina adorava i suoi riccioli ma a condizione che non fossero *mai* crespi come lana di scarto. Per scongiurare ciò c'era sempre lei: Stefania, la sua parrucchiera di fiducia. Adelina adorava quella giovane inglesina tutto "pepe e sale". La chiamava *miss happy colors* per via di quelle appariscenti tinte per capelli che adoperava con le sue giovani clienti. Color giallo pulcino, verde pistacchio e rosso slip di capodanno erano i suoi cavalli di battaglia. Il suo piccolo salone contava solo tre poltrone rigorosamente in tessuto tigrato, ma tanta buona musica a palla e una moltitudine di luci colorate che roteavano di continuo sul soffitto come farneticanti figure geometriche in una discoteca. Pareti dipinte in argento e oro rendevano l'ambiente piuttosto *kitsch* ma decisamente allegro. Stefania conosceva bene l'ossessione di Adelina per il suo riccio, di conseguenza si adoperava con misture districanti e nutrienti all'Argan, per non deluderla mai. Un giorno decise che i ricci di Adelina dovevano parlare di libertà, allegria e anticonformismo. Prese quindi la sua 'tavolozza' di colori e gettò il pennello tra i suoi ricci.

«Wow ma sono spettacolari...», le aveva urlato Adelina guardandosi allo specchio, mentre si alzava dalla poltrona in cui era rimasta in posa per circa due ore. Tina, per quel viola melanzana, forse un po' vistoso a bambolina dei Manga giapponesi, si era fatta venire in soli quindici giorni, ben tre forti emicranie e due congiuntiviti. Ma non era valso a nulla.

Se da un lato Adelina non voleva farsi illusioni su Claudio o incappare nuovamente nei discorsi di Madame *Beautiful*, dall'altro fremeva come un'adolescente alla sua prima cotta. Ma dato che 'al cuor non si comanda' qualche giorno dopo, decise di mandare al rogo *sia* le sue paure *Madame Beautiful*, che tutto il resto. Si lasciò corteggiare da chi, dopo Jovanotti, era il suo grande amore.

Immediatamente prese il via il programma: *nice and sexy girl*. Perciò, niente più dolci, bibite frizzanti e carboidrati. Doveva riuscire a eliminare quei maledettissimi fianchi sporgenti che, a suo dire, appesantivano la sua immagine rubandole sensualità. Nei giorni a venire si diede anche allo shopping.

I due cominciarono a frequentarsi regolarmente e la biblioteca divenne per loro una *location* d'amore e di sguardi languidi che promettevano tanta tenerezza e altrettanta passione.

Un pomeriggio si trovavano ai Parchi di Nervi per una passeggiata all'aria aperta. La giornata era fresca e luminosa. Un cielo azzurro primaverile faceva le fusa a un marzo un po' pazzerello. Gli uccellini volteggiavano in cielo come se avessero bevuto del vino pregiato e le vespe ronzavano pigre in mezzo ai fiori appena sbocciati. Il tepore del sole, l'aria limpida, il silenzio intorno, insomma tutto era pace. Comperarono da un ambulante delle noccioline zuccherate e corsero sgranocchiandole come due ragazzini in gita. Risero, caddero a terra, si rotolarono e si baciarono mentre i loro corpi cominciavano a sentire il desiderio l'uno dell'altra. Raggiunsero la grande terrazza panoramica che dava sul promontorio di Portofino. Da quel punto esatto si poteva ammirare una distesa di mare blu che il sole di quella mattina rendeva brillante come una sottile lastra d'oro e diamanti. Piccolissime onde s'infrangevano con delicatezza sulla scogliera solleticandola, mentre da molto lontano la sirena di una nave da crociera rompeva quel magico silenzio che faceva da ruffiano al loro amore.

«Ti amo!», le disse lui cingendola sui fianchi da dietro. Intorno non c'era molta gente, si potevano udire i loro sospiri eccitati e qualche lontano schiamazzo di allegri bambini. «Dio mio, che sciocco sono stato a non accorgermi di quanto tu sia meravigliosa», proseguì lui. «Voglio che tu sia *mia* Adelina... per sempre».

«Che significa *per sempre*?», gli chiese voltandosi verso di lui, con finta *nonchalance,* mentre il suo cuore scalpitava come un pesce vivo fuori dall'acqua.

«Che... che...», esitò lui.

«Che sei matto da legare, amore mio...», lo interruppe lei mordendogli il lobo dell'orecchio.

Claudio le stava per promettere il futuro, quando ancora doveva nascere il loro presente. Adelina aveva paura, quel genere di paure che nelle persone più sensibili, rimangono in pianta stabile quando si è stati graffiati. Non era stato nulla di sconvolgente, solito *tran tran* adolescenziale. Tre anni prima: prima cotta, primo bacio, tante promesse, tanti sogni e poi l'epilogo: lui era sparito nel nulla dopo la loro prima *indimenticabile* – per lei – volta.

«Claudio, ne riparleremo in futuro... per adesso continuiamo a conoscerci. Godiamoci il presente».

Claudio le poggiò dolcemente un dito sulle labbra impedendole di finire la frase.

«Ok, ok!», concluse lisciandole il collo con le mani.

Con il trascorrere dei giorni, la sensazione di sentirsi la ragazza più innamorata dell'universo, la rendeva felice. Canticchiava sotto la doccia, saltellava da una stanza all'altra, e senza perdere mai di vista il suo programma *nice and sexy girl* proseguiva determinata.

«Adelina, stai bene?», le chiese sua madre, mentre la sera faceva appassire le bietole in padella insieme all'olio e alla cipolla.

«Certo mamma, perché non dovrei?», replicò lei mentre lavorava con un cucchiaio la ricotta fresca, le uova e la noce moscata da mettere nella torta Pasqualina che stavano preparando.

«Vita di mamma tua. Da qualche giorno mi sembri *troppo* euforica. Non è che stai ricadendo? Hai preso i farmaci?», aggiunse con il suo solito insopportabile sguardo afflitto. Al silenzio ostinato della figlia, Tina scosse il capo spazientita e abbassò la fiamma. Si spostò dai fornelli come se dovesse fare qualcosa di molto urgente. Andò dritta a controllare il *blister* delle pillole e le contò una a una. Un lungo sospiro di sollievo decretò il verdetto.

«Sei contenta adesso?», le disse Adelina aggiungendo il formaggio grattugiato all'impasto. «Per la miseria mamma, non capisci che sono semplicemente felice? È così complicato per te immaginare che tua figlia possa essere *felice* e *non* malata? E magari essere felice per lei e abbracciarla? Invece di contare le pillole?». Tina lasciò cadere sul tavolo il *blister* e la guardò incrociando le braccia sotto il seno.

«Felice per cosa scusami. Non ne hai motivo. O sbaglio?».

«Ti sbagli! Sono felice perché sono *innamorata*! Hai capito che ho un cuore anch'io, mamma?». Non voleva, ma le uscì di bocca ciò che non doveva dire.

«Innamorata?», replicò Tina portandosi una mano al petto con gli occhi spalancati, come se le avesse detto di voler fare una camminata su una corda sospesa tra due grattacieli di Manhattan.

«E di chi ti saresti *innamorata*? Di quel solitario strampalato, che non ti vede nemmeno?», facendosi il segno della croce.

Cretina, sei una cretina Adelina, vedi? Fa anche rima… Adelina sei una cretina. Adesso chi la sente, pensò pentita della sua linguaccia lunga. Adesso che sua madre sapeva, la sua ansia – quella che aveva addosso come una seconda pelle – si sarebbe quadruplicata, e i controlli sarebbero stati più serrati di quelli fatti a un detenuto con il braccialetto elettronico.

«Adelina, vita di mamma tua, ascoltami, stagli lontana a quel tipo». Con voce materna e insolitamente calma riavvicinandosi ai fornelli. «Non mi piace, ti farai solo del male. Non mi costringere a parlare con lui, per favore», concluse rialzando la fiamma del gas. Adelina batté il cucchiaio sul piano lavoro e si allontanò dalla cucina.

«Adelina, mi hai sentito? Torna indietro. *Adelina*!», le urlò mentre lei correva a rintanarsi nella sua stanza, coprendosi le orecchie con le mani.

Capitolo 6

Trascorsero un paio di settimane.

I due fidanzati passavano molto tempo insieme, forse troppo, ma a lei tutto questo piaceva. Finalmente si sentiva amata. Non le importava di nient'altro che di questo sentimento tanto bramato, e finalmente goduto appieno. Claudio prese l'abitudine di accompagnarla al lavoro, dal parrucchiere, dall'estetista, dal fruttivendolo, all'ufficio postale, al market sotto casa, dal medico, in banca, perfino a casa delle amiche. Pur di starle vicino riusciva a farsi cambiare il giorno di riposo settimanale. La piccola *Yaris* di lei, di color rosso melograno, si coprì presto di una coltre di polvere, visibile anche da molto lontano. La *memory card* del suo cellulare andò presto in tilt per la marea di sms, Gif e video che lui le inviava sia di giorno, che di notte. Scaricò pure sui loro telefonini l'*app* 'localizzatore gps' perché a lui piaceva sapere dove era, anche quando non erano insieme.

«Claudio è cotto e stracotto di me», ripeteva alle sue amiche quando queste le facevano notare alcune sue stranezze. Una mattina accadde qualcosa che cominciò a scuotere la magia di quell'idillio d'amore.

Adelina parlava con un giovane studente che era solito frequentare la sala lettura della biblioteca. Claudio, dalla sua postazione, li osservava come un detective incallito. Si alzò spesso e in più occasioni gli passò accanto fingendo di cercare qualcosa tra gli scaffali. Lei si accorse di quell'insolito via vai e perciò un po' divertita, continuò a conversare con il ragazzo. Alcuni minuti dopo Claudio, le si avvicinò tirandola bruscamente da un braccio.

«Scusami, torno subito con il libro che mi hai chiesto», disse allo studente, mentre lui continuava a strattonarla.

«Smettila Adelina!».

«Smettila? E di fare cosa scusa?».

«Smettila di fare la smorfiosa con quel kamikaze. Ti ho vista, sai?».

«Sto solo facendo il mio lavoro, Claudio», replicò lei alquanto stupita da quel tono duro. «Mi stai facendo male, lasciami il braccio», lo implorò lei nella morsa del dolore.

Sentendosi osservato dallo studente, Claudio le lasciò il braccio ma non prima di averla fulminata con uno sguardo intimidatorio.

«Tutto bene?», le chiese il giovane, quando lei tornò da lui con il libro che le aveva chiesto.

«Certamente!», affermò tenendo lo sguardo basso. «Eccoti il libro che mi hai chiesto».

Il giovane si alzò per ringraziarla, ma si era fatto tardi e il libro lo avrebbe consultato un'altra volta.

«Tornare io nei prossimi giorni, magari riuscirò a strapparti un bel sorriso», le disse con il suo italiano un po' barocco ma dal tono piacevole quanto una carezza.

«Chissà, magari», replicò lei, sotto gli occhi sospettosi di Claudio.

Da quel giorno la gelosia di Claudio, avanzò inesorabile come una colata lavica. Era sospettoso, spesso nervoso e irascibile. Quando lei non rispondeva ai suoi messaggi, piovevano sospetti di infedeltà e conseguenti liti. Di lì a pochi giorni, Adelina non poté più 'respirare' senza averne parlato prima con lui. Cominciò anche a pedinarla. Claudio utilizzava un linguaggio osceno e subito dopo poetico in maniera disarmante. La sua dolcezza si era trasformata in rabbia, e le sue parole in minacce. Anche nei momenti d'intimità era poco rilassato. Adelina si rese conto che qualcosa nel suo comportamento non andava bene. Non poteva trattarsi di sola gelosia. Ma cosa poteva essere? Non sapeva darsi una risposta, l'unica certezza che aveva era che il rapporto con Claudio non le dava più l'allegria e le emozioni di un tempo. Lui era cambiato, era instabile. Cominciò così a vivere nello sgomento.

Del suo stato emotivo non riuscì a farne parola con nessuno. Temeva che non le credessero, che pensassero che stesse delirando. Lo stigma della *matta*, purtroppo, agli occhi della gente, le toglieva credibilità per ogni cosa e lei questo lo aveva imparato a sue spese.

Un venerdì sera poco dopo cena, faceva *zapping* comodamente sdraiata sul suo letto. Per caso incappò su un canale, in cui alcuni esperti criminologi, stavano discutendo sul tema degli amori malati, e nello specifico di *stalker*. Qualcosa di indefinito la spinse a fermarsi su quel canale e ad ascoltare. Alcune testimonianze di giovani donne vittime di amori malati, la scossero nel profondo. Le sembrò addirittura che stessero descrivendo la *sua* storia con Claudio. Una massa di brividi la percorse dai talloni al viso. Le gambe le tremavano, e le mani le si gelarono. Improvvisamente non si sentì più al sicuro, nemmeno tra le pareti di casa sua. Spense la televisione e si alzò. Era atterrita e non voleva sentire altro. Aprì la finestra della stanza che dava su un vicolo semibuio. Il cielo quella sera piangeva a dirotto, e già da un paio d'ore. Si sentì turbata anche dalla pioggia. L'associò a Claudio: era violenta, battente e persecutrice. Si asciugò le gocce d'acqua che le si erano scagliate in viso e chiuse la finestra velocemente. Non ebbe più alcun dubbio; adesso sapeva perfettamente in quale altro guaio si era cacciata: era vittima di un amore malato, possessivo e quindi pericoloso. Spense le luci e s'infilò sotto le coperte mentre violenti tuoni e fulmini rendevano l'atmosfera della sua camera tetra e paurosa. Tra un tuono e l'altro, sentì il bip del suo cellulare. Era lui. Lo afferrò e lo spense gettandolo sul tappeto come se fosse un serpente velenoso.

A mezzanotte era esausta e stanca di girarsi e rigirarsi sotto le coperte. Si alzò e andò in cucina a ingozzarsi di merendine. Non le importava più nulla della sua dieta, e in quel momento gli zuccheri erano l'antidoto migliore a quel massacro dell'anima che la stava travolgendo come una valanga. Dacché ricordava, era sempre stata una ragazza coraggiosa, ma in quella situazione le sembrava di aver perso la sua grinta. Si sentiva confusa e in pericolo, e per tale motivo rimise la decisione sul da farsi all'indomani mattina.

All'alba la decisione era stata già presa. L'avrebbe lasciato in tronco. Senza un ma né un però. Andò a casa sua e lo affrontò di petto. Le conseguenze di quel gesto furono però molto più devastanti di quanto lei potesse immaginare.

Capitolo 7

Rimasta sola in camera, Adelina andava avanti e indietro, in lungo e in largo ansimando di rabbia. Claudio era stato diabolico, un vero attore. E lei? Era caduta nella sua trappola, come un'ingenua ragazzina d'altri tempi. Diede dei pugni contro il muro, talmente forti che dall'altra parte una voce di donna esclamò: «Che vuoi? Lasciami in pace! È domenica al castello».

Ma di quale castello parla? Si domandò scordandosi per qualche secondo di trovarsi di nuovo in psichiatria. Poggiò le spalle al muro. *Accidenti a me e alla mia stupidaggine. Cretina, cretina sono una cretina,* si ripeteva furiosa pensando che le cose sarebbero potute andare diversamente, se solo fosse stata più furba. Uscì dalla stanza, fece un giro in giardino. Corse, si fermò e poi corse di nuovo a perdifiato. Pianse, urlò, e pianse ancora.

Quella mattina fuori c'era un'arietta fresca e rigenerante ma nulla riusciva a darle sollievo. Il sole era tiepido e spingeva con i suoi raggi attraverso gli alberi del giardino, creando un meraviglioso gioco di luci e ombre. Camminava a testa bassa cacciando via, con i piedi, foglie morte e mozziconi di sigarette che i pazienti avevano gettato a terra. Il trillo continuo degli uccellini, che aveva sempre amato, quella mattina le sembrava un fastidioso rumorio che le dava solo ai nervi, mentre continuavano a susseguirsi nella sua testa le immagini di tutto ciò che era accaduto a casa di Claudio solo poche ore prima. Sedette su una panchina in legno. Respirò a occhi chiusi. L'odore della terra ancora bagnata, che inspirava profondamente dal naso la distraeva innervosendola. Insistette con gli esercizi di respirazione, ma il respiro le si bloccava all'altezza del diaframma, come se venisse risucchiato dalla rabbia di un drago cinese furibondo. Dopo circa venti minuti, non era cambiato nulla. Fremeva, così come i pensieri prigionieri nella sua mente. La prodigiosa voce di un paziente che intonava a squarciagola le note di *O sole mio* non l'aiutava inoltre a rilassarsi come aveva sperato già da un'ora. *Però almeno canta bene,* pensò rassegnata a quell'ennesimo ricovero assurdo. Tornò in camera. La testa le formicolava come se avesse dentro milioni di bollicine pronte a esplodere. Si sedette sul letto, sollevò le ginocchia e cingendole con le braccia vi poggiò il mento abbattuta come un agnellino preso in trappola. Avrebbe preferito essere risucchiata dalla terra, mangiata dalle zanzare o dai leoni, piuttosto che ritrovarsi lì.

«Vita di mamma tua, dove sei?».

Sentì la voce affaticata di sua madre esplodere nella stanza. Tina aveva corso lungo i corridoi dei reparti e probabilmente le sue ansie erano schizzate fino all'alto dei cieli. Adelina saltò dal letto, e le corse incontro augurandosi che almeno stavolta le credesse. Mamma e figlia si abbracciarono a lungo poi si sedettero ai bordi del letto.

«Mamma, non so come spiegarti...», esordì stringendole le mani, «è tutto un incubo, credimi. Non so da dove cominciare».

«Ti ascolto, racconta tutto alla tua mamma. Dimmi cosa è successo stamattina», le sussurrò carezzandole i capelli con tenerezza. Il tono insolitamente docile di sua madre e quel gesto affettuoso la commossero, e Adelina scoppiò in lacrime nascondendo il viso sulla sua spalla. Tina prese dalla borsa un fazzoletto in lino bianco e glielo diede. Quando lei vi affondò il naso, sentì con piacere che profumava alla lavanda ed ebbe per qualche attimo la bella sensazione di trovarsi a casa al sicuro. Tra un singhiozzo e l'altro, cominciò dal principio. Tina pareva ascoltarla con molta attenzione anche se a un certo punto del racconto iniziò a tamburellare le dita della mano sulla gamba.

«Adelina, non aggiungere altro, ti prego», le disse interrompendola dopo aver a lungo schioccato la lingua. «Il padre di quel bamboccio, di cui ti spacciavi *innamorata*, mi ha già telefonato raccontandomi tutto ciò che è successo».

«No! Mamma no! Non è come credi, anzi non è come ti vogliono far credere». Le disse con veemenza.

«Non preoccuparti, vita di mamma tua», dandole dei colpetti sulla gamba, «adesso pensa solo a guarire. Non stai ancora bene», concluse portandosi una mano alla tempia con un'espressione sofferente.

«Guarire? Mamma, io sto benissimo accidenti!», disse gettando sul pavimento il fazzoletto.

«Smettila Adelina, ti prego di non fare melodrammi. Ho un forte mal di testa stamattina, la tua isteria mi irrita».

Fu in quell'istante che Adelina, si sentì sola al mondo. La guardò di sbieco mentre lei rovistava in borsa alla ricerca di qualcosa. Vedeva in Tina solo un'acerrima nemica; la peggiore che una figlia potesse avere.

«Mamma ti prego vai via, ho bisogno di riposare», le disse con voce sommessa scuotendo il capo.

«Ok, io vado, ma quando uscirai da qui, ti scuserai con i signori Ottonello, e li ringrazierai per non averti denunciato. Ok?».

Per un attimo Adelina sperò di uscire di senno, non capire più nulla. Essere una statua, un cadavere o meglio ancora un extraterrestre. D'impulso suonò con foga il campanello collegato con l'infermeria e in pochi secondi si materializzò un infermiere.

«La prego, porti via questa donna o non rispondo di me...», gli disse con tono aggressivo incrociando le braccia sotto il seno.

«Vita di mamma tua, perché sei cosi agitata? Dio mio perché stai facendo cosi?», carezzandole la guancia come se nulla fosse. Adelina le tolse con forza la mano.

Tina allora rivolgendosi all'infermiere chiese: «Giovanotto, mia figlia ha preso la terapia o vi siete scordati di...».

«Sparisci mamma...», le urlò interrompendola. «Vai via da qui, non voglio più sentire la tua brutta voce. Vattene!», concluse coprendosi le orecchie con i pugni serrati e gli occhi pieni di lacrime.

Cominciò a girarle la testa. Vedeva un'accozzaglia di colori volteggiare davanti ai suoi occhi. Sentì una fitta al cuore. Sua madre era la sola persona al mondo a farla andar fuori di testa in quella maniera.

La mattina dopo Adelina si rifiutò di incontrare l'equipe, e rimase a letto per tutta la giornata saltando anche i pasti. La mattina successiva venne svegliata dalle urla di alcuni pazienti che vagavano lungo il corridoio interloquendo con le loro voci. Adelina stava sbadigliando quando sentì un mormorio provenire dal bagno della sua stanza. Si alzò e si avvicinò alla porta poggiandovi un orecchio. Qualcuno lì dentro blaterava qualcosa ma lei non osò né bussare, né tanto meno entrare. Tornando verso il suo letto, notò qualcosa sul comodino della nuova arrivata. Questa aveva allestito un piccolo altarino con immaginette di santi e Madonne, tutte perfettamente allineate alla parete. Un piccolo vasetto di fiori freschi era stato infine posto al centro. Incuriosita si chinò per osservare meglio. *Oh, Madonna Santa!* le venne spontaneo pensare. Ciascuna immaginetta era stata sfigurata in viso con del colore rosso che conferiva alle Madonne un'espressione inquietante. Era ancora china quando avvertì dietro di sé una presenza. Si voltò di scatto. Non era più sola. Una donna sulla quarantina, grassottella e di media statura la stava fissando con occhi minacciosi. La donna aveva dei lunghissimi capelli neri lisci, con almeno cinque dita di ricrescita bianca che supplicavano la tinta. Teneva in mano un crocifisso. Con un gesto deciso del braccio, la donna l'allontanò dal suo comodino. Adelina intuì di aver invaso uno spazio personale, quindi si scusò e tornò subito al suo letto. La donna intanto piangeva mentre recitava di continuo e sotto voce, preghiere intervallate ad ammonimenti rivolti al diavolo: «Vattene, diavolo maledetto... vattene. Stavolta non mi prenderai».

Più tardi Adelina provò ad avvicinarsi a lei. Voleva darle un po' di conforto, lo stesso conforto che sperava di ricevere lei in quei momenti. Puntualmente però quando si trovava in quel reparto, amici e parenti si defilavano, come se fosse una pericolosa criminale da tenere a debita distanza. *Che tristezza il pregiudizio della gente, che ingiustizia lo stigma. Non chiamatemi matta. Vi prego, basta.* Aveva scritto in uno dei suoi diari di ricovero. Si sedette accanto alla signora del crocifisso, e senza chiederle se poteva farlo, si unì a lei in preghiera. La signora la guardò con fare circospetto, ma poi la lasciò fare. Adelina era per lo più atea, ma in quel momento sentì il bisogno di pregare, di sentirsi figlia di Dio, di avere qualcuno accanto a cui affidarsi. Una lacrima cominciò finalmente a rigarle il viso. La signora a quel punto strappò con forza un lembo di tessuto dalla sua camicia da notte logora, e le asciugò le lacrime. Le univa il loro reciproco dolore anche se vivevano su due realtà differenti e non comunicavano a parole. Adelina commossa poggiò la sua mano su quella della signora e le sorrise lasciandosi coccolare dal calore di quella mano gentile.

Trascorsero alcuni giorni. Rabbia e la delusione a poco a poco si placarono, ma i ricordi e il dolore per ciò che era accaduto a casa di Claudio, no. Quello era lì fisso all'altezza del cuore. Nel corso di una seduta con il dottor Freni, finalmente rientrato da qualche giorno di ferie in Marocco, Adelina venne a conoscenza di una notizia che le restituì un po' di serenità. Il dottore le riferì di aver saputo, da un suo amico ispettore di Polizia, che Claudio aveva un precedente per *stalking*. Adelina poté finalmente dimostrare al mondo e a sua madre, che era Claudio lo squilibrato persecutore, e *non* lei. Con l'intervento del dottor Freni, le tolsero il braccialetto bianco e anche questa volta poté lasciare l'ospedale prima della data prevista. L'esperienza con Claudio, pur se drammatica, le consentì di imparare un'importante lezione di vita sull'amore.

«Dottore, ho capito che l'amore – *quello vero* – non deve accecarci, né farci annegare nella gioia più sfrenata e quasi delirante. L'amore *deve* invece saper equilibrare ragione e passione, ragione e sentimento, realtà e fantasia, e mai far prevalere quest'ultima».

Il dottore annuì condividendo.

«Ci hanno sempre insegnato», proseguì lei, «che l'amore è la cosa più importante nella vita di una persona. Vero, per carità, ma sa cosa penso oggi di questo insegnamento? Penso che prima ancora dell'amore per un uomo si debba coltivare l'amore per se stessi, il rispetto di sé, della propria vita, e del proprio valore personale. In conclusione dottore caro...», esitò qualche istante, poi si tolse dall'anulare una sottile fedina in oro bianco, che Claudio le aveva regalato, e abbandonandola sul tavolo concluse. «L'amore, nella vita di una persona è tutto, *ma non completamente tutto*».

Tornò a casa, dove ad attenderla c'era finalmente una magnifica sorpresa.

Capitolo 8

Un uomo sui sessanta, di bell'aspetto, sorridente, appoggiato alla poltrona a righe del salotto di casa, l'accolse con un affettuoso: «Buongiorno, cucciola mia».

Lo guardò sbalordita, come se gli fosse comparso davanti Jovanotti. Aveva finalmente dinnanzi la persona che amava più di ogni cosa al mondo: suo padre.

«Papi? Tu qui?».

Lasciò cadere la tracolla sul pavimento, senza distogliere lo sguardo da lui.

«Dio mio, che bella sorpresa! Bentornato papi mio».

«Ben trovata a te cucciola». Si abbracciarono. Il profumo che lui emanava e che lei respirò a pieni polmoni dopo cinque mesi di mare e lontananza, cancellò per un po' il ricordo delle sue ultime sofferenze.

«Mi sei mancato tantissimo. Sapessi quante brutte cose mi sono capitate».

«Mamma mi ha raccontato tutto, ma adesso abbracciami forte figlia mia. Abbiamo tanto tempo per raccontarci le cose brutte».

Il suo rientro a casa era vissuto dalla famiglia come la festa più importante dell'anno. Simone compreso. Questi aveva undici anni, ed era un ragazzino molto riservato. Era considerato il piccolo fantasmino di casa. Aveva un grande pregio però: se ne fregava di tutto e tutti, *soprattutto* dell'ansia di sua madre. Viveva rilassato nel suo mondo di videogame e computer. Quando fu concepito – molti anni dopo l'adozione di Adelina – la sua nascita fu considerata dai medici una sorta di miracolo. Da allora la devozione di Tina al Signore divenne continua e ossessiva.

La stessa sera, Adelina scese in pasticceria e comprò la più grande, la più gustosa delle torte esposta in vetrina. Vi fece scrivere *BENTORNATO PAPI* su un cuore rosso in pasta di zucchero, messo al centro di un altissimo pan di Spagna, ricoperto di panna e fragoline.

Nei giorni a venire, il ricordo di Claudio s'insinuò spesso nella mente di Adelina, alimentato peraltro dall'angoscia di dover tornare a lavoro e quindi rivederlo. Lungo la strada che l'avrebbe portata in biblioteca, si ripeteva il suo mantra: "*Forza e coraggio, sempre e comunque. Forza e coraggio sempre e comunque*". Lei, che era da sempre una ragazza determinata e coraggiosa, non voleva arrendersi a quella sensazione di paura e impotenza. No. Non poteva permettere a quel farabutto di farle ancora altro male. Di lì a pochi minuti, avrebbe dovuto anche affrontare gli sguardi ipocriti e compassionevoli di alcuni colleghi, che come accadeva dopo ogni suo ricovero, l'avrebbero compatita con sorrisini e frasi di circostanza. A veder le loro facce pareva che le dicessero: "*poveretta, che brutto destino essere matta*".

Detestava il momento dei saluti. Avrebbe voluto essere trasparente.

Erano già trascorsi quattro giorni da quando era rientrata a lavoro, e di Claudio neanche l'ombra. Nessuno aveva osato sfiorare l'argomento. Tutti sapevano, e tutti tacevano. Un pomeriggio, mentre era intenta a riordinare dei libri su degli scaffali, sentì qualcuno alle spalle salutarla.

«Ciao. Ti ricordi di me?».

Si voltò, e lo riconobbe subito. Sentì il cuore rallentare. Rivedere quel bel giovane dalla pelle leggermente ambrata, la riportò a quella mattina in cui Claudio aveva manifestato la sua prima esplosione di rabbia e gelosia. Scosse la testa cercando di cacciare quelle immagini.

«Ciao», sussurrò mentre con una mano si portava dietro l'orecchio una ciocca di ricci, sforzandosi di apparire più naturale possibile e soprattutto educata.

«Essere felice di rivederti», dichiarò lui con occhi raggianti.

«Essere felice pure io», rispose lei. Sorrisero sfiorandosi per la prima volta con lo sguardo. Una tempesta di emozioni negative mise in subbuglio i nervi di Adelina che premevano per una fuga impellente.

«Non ricordo il tuo nome, sai?», le disse lui mentre infilava il telefonino dentro la tasca dei suoi jeans a vita bassa.

«Non ricordo di avertelo mai detto, sai?», replicò lei con sottile ironia stringendo al petto i libri che aveva in mano. Non si era mai sentita cosi insicura dinnanzi a un ragazzo, eppure le risposte sembravano sbocciare dalle sue labbra come fiori a primavera.

«Eh già! Ma possiamo sempre rimediare», aggiunse lui porgendole la mano, mentre lei sentiva un palpito di paura inondarle il cuore. Adelina posò i libri sul tavolo, dandogli le spalle, si passò velocemente la mano sudata sui jeans, e voltandosi gli rispose.

«Piacere. Mi chiamo Adelina Parodi, ma basta Adelina».

In verità, in quel momento lei non aveva alcuna voglia di socializzare, ma non voleva nemmeno che quanto le era accaduto la trasformasse in un'antipatica scorbutica ragazza maleducata. Aveva sempre avuto molto rispetto per le persone, soprattutto per quelle educate e gentili e non voleva assolutamente cambiare.

«Jamil Alamà».

«Jamil Alamà?», ripeté lei come se stesse scandendo uno sciogli lingua. «Suona bene. Cosa significa?», gli domandò sorprendendosi della sua curiosità.

«Jamil significa bello. A quanto pare quando sono nato, i miei genitori mi videro bello e mi chiamarono cosi», replicò lui sorridendo.

«Beh, avevano ragione», aggiunse lei guardandosi le scarpe.

«*Shukràn,* Adelina», rispose lui poggiandosi una mano sul cuore e chinando il capo in avanti. Aveva tutta l'aria del ragazzo perbene, tuttavia lei sospirava, sperando che si decidesse ad andarsene. Desiderava soltanto tre cose in quel momento: calmarsi un po', rimettere a posto i libri, e sperare di riuscire a non essere scortese con lui. Non necessariamente in quest'ordine.

Jamil però esitò ancora, cercando di trovare altri pretesti per trattenerla. A differenza di lei, le *habitué* della biblioteca avrebbero fatto carte false per quel giovanotto dal fisico slanciato e dai grandi occhi scuri.

«Adesso devo proprio andare. Alla prossima», replicò riacciuffando velocemente i libri dal tavolo come se stesse per scoppiare una bomba.

«Aspetta, aspetta!», intervenne lui. «E il tuo? Cosa significa il tuo nome».

Si fermò e lo guardò un po' infastidita. Non avrebbe più permesso a nessun ragazzo di oltrepassare i suoi confini personali, e quel breve inseguimento non le era piaciuto affatto.

«Smettila di seguirmi», gli disse senza mezzi termini, alzando la voce.

«Scusami. Non volevo essere invadente».

Ecco lo aveva fatto. Era stata scortese. Resasi subito conto, prese fiato e cercò di ritrovare la calma.

«Beh… che io sappia significa nobile», accennando poi un sorriso di circostanza con il capo inclinato.

«*Nobile donna, nobile cuore.* Dire così al mio paese», replicò lui ironizzando sui verbi e sull'accento da straniero.

«Interessante Jamil, ma ora scusami devo proprio andare». Non sorrise stavolta.

Jamil la vide allontanarsi come una saetta. Lui non poteva immaginare le ansie che in quel momento erano riaffiorate in lei.

Adelina, non fidarti più di nessun ragazzo, vai via. Scappa prima che sia troppo tardi, le suggerì una vocina in testa. Corse in bagno, mentre violenti flashback di Claudio, che si rotolava sulle scale di casa quella maledetta domenica mattina, le toglievano ancora il respiro, oscurandole anche la vista. Quando sarebbe riuscita a parlarne con qualcuno? Quando si sarebbe svuotata l'anima raccontando quello che era realmente accaduto? Se lo chiedeva spesso Adelina, soprattutto quando in piena notte le parole di Claudio e le sue minacce le toglievano ancora il sonno o lo interrompevano bruscamente. Si sedette sul wc, estrasse dalla tasca dei suoi jeans il cellulare, e chiamò suo padre. Tremava, era in preda a un attacco di panico. Non essendo raggiungibile, optò per il dottor Freni, il quale seppe come rassicurarla in tempo reale.

La sera poi crollò in lacrime tra le braccia di suo padre. Amava il calore che emanavano, e sarebbe rimasta abbracciata a lui per ore senza mai stancarsi. Gli confidò ogni dettaglio di quella triste storia con Claudio. Parlarono per intere notti, passeggiarono per giorni, ma lo stato nervoso di Adelina non cambiò comunque. L'ansia non si placò, e la depressione purtroppo si aggravò.

Le notti si trasformarono in un crescendo di terrore. Gli incubi notturni non le diedero più tregua. Sognava spesso di essere inseguita da un uomo, rapita e poi tormentata con un bastone di legno. La mattina aveva sempre paura a uscire di casa sola, e la sera rientrava sempre prima che facesse buio. Il buio le ricordava tutte le volte in cui Claudio, si piazzava sotto casa sua aspettando che lei rientrasse. A quel punto approfittando del buio, la strattonava verso il portone di casa per costringerla a dirgli dove era stata e con chi. Considerato il suo stato psicologico, le sedute con il dottore dovettero essere più frequenti e la terapia farmacologica modificata. Aveva bisogno di elaborare il suo trauma, ma come accade in questi casi, solo il tempo sarebbe stato il suo alleato d'eccellenza.

Capitolo 9

La percezione che Adelina aveva del mondo era cambiata. Adesso, quello stesso mondo che aveva sempre amato con la sua innata allegria, le sembrava ostile e impietoso, e non esisteva alcun libretto di istruzioni che potesse darle garanzia di potersi fidare di qualcuno. Anche i suoi riccioli si erano arresi: erano mosci, bassi e cadenti come un salice piangente. Di chi poteva davvero fidarsi d'ora in avanti?

Suo padre di lì a pochi giorni sarebbe ripartito, il mare lo avrebbe ancora una volta assorbito, e lei sarebbe rimasta in balia del suo più acerrimo nemico: Tina. Colei che era sempre pronta a spedirla in psichiatria per qualsiasi cosa dicesse o facesse. Colei che con il suo atteggiamento vessatorio, la lacerava più della stessa malattia.

Le sedute con il dottor Freni divennero per Adelina un rifugio, una sorta di "contenitore" rassicurante delle ansie più profonde che abitavano in lei. Non mancava a nessun incontro programmato. Rinunciò perfino a un firma copie di Jovanotti a Savona, pur di sedere su quella 'poltrona delle lacrime' come lei stessa l'aveva soprannominata in un raro momento di allegria.

«Buongiorno dottore», salutò lasciandosi cadere a peso morto sulla poltrona in velluto bordeaux davanti alla scrivania del suo studio. «Oggi mi sento l'umore sotto questo pavimento», chiuse gli occhi.

«Beh, allora prova a venir fuori da laggiù e parliamo un po'», le rispose lui tra il serio e il faceto. Adelina sospirò accennando un sorrisino. Lui era abilissimo nel riuscire a strapparle un sorriso anche quando nemmeno Jovanotti ci sarebbe riuscito.

«Oggi, se ti va, potremmo cominciare a parlare di quello che è successo la famigerata domenica mattina a casa di Claudio. Che ne pensi?». Nel dir questo si alzò e si sedette dinnanzi a lei.

«No dottore!», replicò lei sollevando il busto dalla poltrona. «È troppo doloroso, non voglio, non posso. E poi...».

«E poi cosa?».

«Talvolta... mi sembra che si sia trattato solo di un incubo e...» balbettò, «... e allora, per convincermi del contrario mi ripeto: *"Adelina, sì è successo. Eccome se è successo"!*».

«Una ragione in più per provarci. Non pensi, Adelina? Coraggio. Ti ascolto».

«Sarebbe un inutile dolore ricordare. Mi basta sapere che lei mi crede», dichiarò girandosi i pollici con nervosismo.

«Cara Adelina non è questo il punto», insistette il dottore con voce cadenzata.

«Ah no? E qual è allora il punto?».

«Il punto è il tuo dolore, Adelina. Quel dolore che ti sta lacerando e che ti toglie anche la gioia di vivere. Il dolore dei ricordi che stai cercando di insabbiare con tutta te stessa». Lei lo guardò. Aveva lo sguardo di una coniglietta ferita e le mani sudate. Continuava a mordersi il labbro inferiore cercando di reprimere le lacrime che stavano già scendendo senza il suo consenso.

«Dottore, esiste un farmaco che mi aiuti a cancellare i ricordi? Qualcosa che riesca a strappar via questo maledetto dolore dal mio petto?», gli chiese con voce rotta dal pianto.

«No cara Adelina, purtroppo non esiste alcun farmaco per tale scopo. Il dolore lo si deve *necessariamente* attraversare se lo si vuol superare. Bisogna entrarci nel profondo, capisci? Tentare di scovarlo e guardarlo dritto nel suo buio più fitto».

«Non capisco, dottore. Cosa significa attraversare il dolore dei ricordi?», chiese ributtandosi con le spalle sulla poltrona mentre si asciugava le lacrime che scendevano silenziose.

«Beh! Ti faccio un esempio. Cosa faresti se improvvisamente cadessi in un cunicolo sotterraneo buio e freddo nel bel mezzo del giorno?».

«Cercherei di venirne fuori».

«Bene, quindi stai dicendo che nonostante il dramma di quel momento, cercheresti *comunque* una via d'uscita. La luce insomma».

«Esatto dottore. Affronterei la situazione».

«E dopo? Dopo cosa faresti di quel momento drammatico?», domandò mentre si allungava per prendere dal tavolo il suo notes.

«Poi cercherei di non pensarci più, volterei pagina come ho sempre fatto. Anche se, dopo Claudio, non ci sto riuscendo del tutto. Quindi?», chiese impaziente di conoscere la risposta.

«Quindi, cara Adelina, le cose vanno *diversamente.* Certe esperienze, soprattutto quelle più dolorose e traumatiche, purtroppo non le possiamo chiudere in un cassetto segreto della nostra mente e illuderci di non poterci pensare più. Magari potessimo farlo. Le esperienze, soprattutto quelle traumatiche…».

«Perché no?», puntualizzò ancora, interrompendolo con tono avvilito, incrociando le braccia sotto al seno.

«Perché le emozioni, così come i ricordi, sono come le onde del mare», proseguì lui con la sua proverbiale calma. «Essi si ritraggono, e poi ritornano. Riaffiorano nei sogni, nei nostri pensieri, finanche in semplici gesti quotidiani. A quel punto scopri che non hai dimenticato nulla, ma che li hai soltanto spostati da qualche altra parte della tua mente per non soffrire».

«Quindi dottore, dovrò soffrire per tutta la vita?».

«Non esattamente, cara Adelina. Insieme cercheremo di rendere i tuoi ricordi meno infidi – e se è il caso – nel tempo imparerai anche a conviverci».

«Conviverci?», lo guardò meravigliata.

«Sì... fino a quando con il trascorrere del tempo essi occuperanno solo un piccolo spazio in te e lasceranno spazio ad altro di più grande e sublime».

Adelina annuì un po' perplessa. Non era certa di essere in grado di affrontare quei ricordi, e addirittura imparare a conviverci come sosteneva il dottore. A quel punto il dottor Freni si alzò e la lasciò sola per qualche minuto.

Rimasta sola, si alzò e camminò intorno alla stanza sospirando. Dopo alcuni lunghe inspirazioni, sospiri, e meditazioni prese la sua decisione. Quando lui rientrò, lei prese la parola per prima.

«Ok dottore, se è proprio necessario allora proviamo».

Adelina si sistemò meglio sulla poltrona, poi chiuse gli occhi e si coprì il viso con entrambe le mani, come per concentrarsi. Sospirò a lungo prima di cominciare.

«Andrà tutto bene, coraggio», la rassicurò il dottore con voce calma e un sorriso caldo. Adelina si schiarì la gola e poi iniziò.

«Ricordo che era mattino presto, in città faceva molto freddo. La stradina del vicolo di casa mia era ancora bagnata di pioggia. In cielo, con un po' di fantasia, s'intravedeva un timido sole sui tetti di Genova, promettendo una bella giornata dopo una notte fredda e ventosa. Come c'era da aspettarsi mi svegliai all'alba saltando giù dal letto come se fossi in ritardo a un appuntamento importante. C'era molto silenzio sia dentro che fuori casa. Si udiva soltanto lo strepito del vecchio parquet sotto i miei piedi indecisi. Lo detesto quel parquet, è uno spione. Di quell'ora del mattino amo due cose: il silenzio dei vicoli e l'odore del pane appena sfornato dai panettieri della zona. Ma quella mattina, dottore, quello stesso odore di sempre mi dava la nausea. Comunque, mi infilai sotto la doccia e dopo circa mezz'ora di riflessioni presi la mia decisione. Sarei andata a casa di Claudio e lo avrei lasciato di punto in bianco, senza se e senza ma. Lungo la strada mi ripetevo a mente una, due, dieci volte, il motto che mi ha insegnato mio padre: *"Forza e coraggio, sempre e comunque. Forza e coraggio, sempre e comunque"* anche se la tachicardia e le mani sudate, mi impedivano di sentirmi una impavida guerriera».

Adelina si alzò dalla poltrona continuando a sospirare. Raggiunse la portafinestra che dava sull'imponente piazza della Vittoria. Si erano già fatte le dodici e anche se la giornata era stata un po' cupa, pullulava di turisti intenti a immortalarsi lungo le due 'scalinate delle caravelle'. Il prato inclinato al centro di esse, appariva da quel settimo piano panoramico, come una tela verde in cui vi erano dipinte tre caravelle di colore giallo. Adelina ripensò a tutte le volte che aveva sfidato Claudio a correre fino alla parte più alta delle scalinate, e a quando lui aveva finto un infarto per spaventarla. Poi l'aveva baciata a lungo.

I movimenti spensierati dei turisti le misero tanto tristezza. Tornò quindi a sedersi e proseguì.

«Claudio mi accolse eccitato e mi buttò le braccia al collo come se fosse appena rientrata da un viaggio oltre oceano. Ero avvolta completamente nel mio caldo cappotto abbottonato fino al collo, ma da come mi battevano i denti, si poteva pensare che fossi nuda sotto la pioggia gelida della Norvegia. Dopo avermi aiutata a togliermi il cappotto, Claudio prese subito a baciarmi il collo mentre io cercavo di sfuggirgli con molta difficoltà. Salimmo al piano di sopra, e senza giri di parole mi afferrò dai fianchi portandomi direttamente nel suo letto. Ricordo che avevo l'affanno ma non per le scale che avevo salito. Ero nervosissima, lui eccitatissimo su di me. A ogni sua lenta carezza, sentivo vampate di calore diffondersi su tutto il mio corpo, seguite da repentini brividi di freddo e repulsione allo stomaco. Non mi ero mai accorta che la pelle delle sue mani fosse ruvida e i suoi polpastrelli incalliti. Tenevo gli occhi chiusi dimenandomi sul letto come se stessi facendo un brutto sogno. Cercai anche di sollevarmi ma lui mi tratteneva come se stessimo giocando al gatto e al topo».

Adelina si bloccò ancora una volta. Aveva la bocca impastata e il cuore agitato. Chiese quindi dell'acqua al dottore. Ne trangugiò un bottiglietta intera senza nemmeno accorgersi che fosse quella che aveva sempre detestato: frizzante.

«Basta, dottore! Non ci riesco», aggiunse scuotendo la testa mentre richiudeva la bottiglietta. «È troppo doloroso. Mi dispiace. Come le ho già detto preferisco dimenticare piuttosto che ricordare altro».

Adelina si alzò. Era spenta in viso. Un alone di sudore segnava la sua camicetta azzurra sotto le ascelle. Con un gesto fulmineo lasciò cadere la bottiglietta sulla poltrona, prese la sua tracolla da terra e si diresse verso la porta.

«Lascia che il tuo dolore ti parli Adelina. È questo il momento giusto, credimi».

Adelina si bloccò come una statua davanti la maniglia della porta.

«Il mattino può arrivare solo attraverso il buio della notte. Fidati di me cara», concluse il dottore con tono sicuro.

Adelina si voltò. Un dolore indicibile le teneva giù il mento e le guance. Singhiozzava in silenzio. Le parole del dottore, per qualche ragione, la colpirono nel profondo risuonando in lei come una strada maestra. Capì che lui aveva ragione, e che la via del dolore non l'avrebbe mai abbandonata se non avesse cominciato ad attraversarla. Adesso aveva chiaro ciò che desiderava più di ogni altra cosa; incontrare l'alba di una nuova vita, liberarsi di quel dolore asfissiante. Quindi tornò a sedersi poggiando sulle gambe la sua tracolla. Proseguì con dovizia di particolari rivedendo la scena come davanti a uno schermo gigante.

Capitolo 10

Claudio a un certo punto, sorpreso della sua freddezza, si fermò. Ebbe un gemito di protesta e le chiese il perché del suo comportamento.

«Claudio, dobbiamo parlare», gli rispose in tono fermo, asciugandosi con il palmo della mano il contorno delle labbra bagnate dalla sua saliva.

«Certo, ma lo faremo dopo. Adesso ho voglia di averti qui sul mio letto», replicò lui con voce calda, mentre la stendeva sul letto con il peso del suo corpo. La palpò ovunque. Fu come essere agguantata da una medusa letale.

«Fermati per favore Claudio!», urlò.

D'impulso lo bloccò mettendogli le mani sul petto, poi lo spinse con forza sollevandosi. Sentì i suoi addominali contrarsi e diventare compatti come marmo.

«Che c'è che non va? Forse è per i miei genitori? Rilassati sono fuori».

Tornò a poggiarsi con il petto sulla sua preda tremante. Le braccia e la bocca di Claudio parevano magneti accalorati che in pochi secondi la sfiancarono. Le infilò una mano sotto il maglione, mentre con movenze serpentine e con il suo nauseante lezzo di caffè le sussurrava accalorato «Siamo soli amor mio. Rilassati».

Adelina riuscì a sollevarsi e ad allontanarlo con forza. Si alzò dal letto. Si appoggiò all'armadio, incrociando le braccia sotto il seno. Nella sua testa riecheggiava il ritornello: *"Forza e coraggio, sempre e comunque, forza e coraggio, sempre e comunque"*.

Lui prima la seguì con lo sguardo e poi sedendosi ai bordi del letto le disse con voce infastidita: «...ok, ok... parla pure se è così urgente».

Claudio si lasciò andare con le spalle sul letto, poi di colpo si voltò verso il comodino alla sua destra e afferrò il telecomando dello stereo, fissandola con aria contrariata.

«Claudio», balbettò lei prima di sganciare la bomba. «Da qualche tempo, sei molto cambiato». Partì un brano dei *Foo Fighters*.

«Cioè, che vuoi dire?».

«Abbassa il volume per favore, così non riusciremo a parlare», gli disse coprendosi le orecchie. La potenza di quel sofisticato impianto stereo fece vibrare l'armadio alle sue spalle. Vibravano all'unisono: corpo e ante. Claudio sbuffò ma poi abbassò il volume.

«Va bene così, principessa del pisello?», le chiese puntandole il telecomando.

«Sì...», gli sussurrò con voce sommessa.

Claudio gettò con violenza il telecomando sul comodino facendo cadere sul pavimento il modellino di una splendida moto d'epoca che Adelina gli aveva fatto arrivare da New Orleans.

Lei intanto trasudava ansia anche dal caschetto. Cominciò a pentirsi di essere andata direttamente nella tana del lupo. Quindi decise di percorrere la strada più breve. Niente più giri di parole o frasi di circostanza.

«Claudio, non voglio più stare con te...».

«Cosa?».

«Non voglio più stare con te, è finita».

Lui la guardò incredulo, poi ridendo beffardamente di ciò che aveva detto, si alzò e le si avvicinò a due dita di distanza dal naso schiacciando con i piedi il modellino che si era trovato davanti riducendolo in decine di pezzi.

«E posso sapere per quale ragione?».

Adelina cercava di respirare coraggio, ma l'alito freddo e il viso paonazzo di Claudio, le toglievano il respiro.

«Certo che puoi saperlo», balbettò lei. «Non ti amo più, punto».

«Non ti credo!».

Rideva come se fosse brillo o sotto l'effetto di qualche droga pesante. Si avvicinò ancora di più sfiorandole la fronte con le sue labbra umide.

«Smettila», gli disse allontanandolo decisa.

«Andiamo via Adelina. Soli io e te, te e io. Lontano, molto lontano».

«È proprio questo il punto Claudio. Io e te, te e io, basta non ne posso più».

«Sì, e allora?».

«Non se ne parla», aggiunse portandosi le mani in testa. «Tu mi soffochi, e questo non va bene».

«Ti amo, è naturale che ti voglia sempre accanto. Tu no?».

«No Claudio. Il tuo amore è... è...». Non riusciva a dirlo. Aveva paura della sua reazione. Ma poi prese fiato e continuò. «Il tuo, è un amore malato che...». Nel dirlo si morse la lingua ma non fece trapelare la botta di dolore che la trafiggeva. Ecco, glielo aveva finalmente detto guardandolo in faccia. Adesso doveva solo andar via e chiudere quel triste capitolo della sua vita senza nessuna conseguenza.

Claudio, nel frattempo si contorceva le mani come se avesse un prurito insopportabile, sembrava sul punto di esplodere.

«Io? Io malato?», replicò con gli occhi spalancati. «E dimmi, perché sarei malato mia dottoressa del pisello?».

Immobile con le spalle poggiate sull'armadio, sentiva il respiro di lui divenire sempre più affannoso, e i suoi occhi rimpicciolirsi.

«Mi soffochi, mi segui, mi insegui, mi controlli su tutto. Lo capisci che tutto questo non è normale?». La sua bocca completamente asciutta e la lingua dolorante non le consentirono di aggiungere altro.

«Senti chi parla! La matta del secondo piano!», rise lui beffandola.

Purtroppo quelle parole toccarono un nervo scoperto, e così Adelina cadde dritta nella trappola della provocazione. Non gli aveva mai detto di Maria – la vicina – né tanto meno di ciò che dicevano di lei.

«Come sai che…», chiese disorientata.

«Maria la tua vicina», le urlò in faccia. «Mi ha raccontato tutto di te, che sei una pazza, pazza, pazza. Ecco perché ti ricoverano in psichiatria», disse con l'indice appoggiato alla tempia.

«Smettila Claudio», urlò togliendogli con forza il dito. «Non sopporto che mi si dica questo».

«Pazza, sei pazza», rimarcò ancora lui dando un calcio all'anta dell'armadio sulla quale lei era immobile da alcuni minuti.

«Me ne vado. Addio!», disse lei voltandogli le spalle.

«No!», le ordinò lui. «Tu non vai da nessuna parte».

Claudio la raggiunse di spalle. Le afferrò le mani stringendole i polsi. Lei lo pregò di lasciarla andare. Gli disse che le stava facendo male, ma lui continuò indifferente. A un certo punto però mollò la presa.

«Ah no?», riprese lei sfidandolo con il coraggio della paura, voltandosi verso di lui. «E cosa vuoi fare, rapirmi? Nascondermi? Uccidermi? Dimmi, ti ascolto. Non ho paura di te, sai?». I toni stavano divenendo sempre più pericolosi. «Lasciami andare e sparisci dalla mia vita o...».

«O cosa?», la minacciò lui puntandole un dito davanti al naso.

«Andrò da tuo padre, o ti denuncerò per *stalking*».

Quelle parole trasformarono gli occhi di Claudio. Sembravano palle di fuoco rovente, e le sue palpebre si chiudevano e si aprivano veloci come le ali di un colibrì. Si morse il labbro superiore con i denti mentre lei, dandogli uno spintone nella parte più sensibile dell'universo maschile, riuscì a divincolarsi da lui. Lui la inseguì e la bloccò davanti la rampa di scale.

In quel preciso istante Adelina si pentì di averlo affrontato da sola e all'insaputa del mondo. Ma del resto chi le avrebbe creduto? Sua madre? No di certo. *Madame Beautiful?* Nemmeno per sogno. Le sue amiche o le colleghe? L'avevano avvisata e poi figuriamoci. Chi mai si sarebbe messo contro la famiglia degli Ottonello? Troppo potenti in città. E ora? Claudio all'improvviso iniziò a piangere come un bambino che voleva farsi perdonare una marachella.

«Ti prego, ti prego amore mio perdonami. Non andare da mio padre ti prego», aggiunse con un tono di supplica prendendole il viso tra le mani.

Lei ebbe così la certezza assoluta che Claudio fosse realmente disturbato. Gli tolse le mani dal suo viso, e provò a scendere il primo gradino mentre lui cercava di impedirglielo. Claudio intanto continuava a piangere, addirittura singhiozzava. Lo guardò incredula. *E' completamente fuori di testa,* pensò. Pareva dottor Jekyll e mister Hyde. Per qualche attimo provò anche pena per lui. Sembrava indifeso, impaurito, quasi mortificato. Ma non ebbe il tempo materiale di rinsavire da questa sua svenevolezza, che in lui qualcosa cambiò. Si asciugò rapidamente le lacrime con il dorso della mano, quindi le disse con voce agghiacciante.

«Tu sei una pazza, e io non ti permetterò di farmi del male».

«Sei tu che lo stai facendo a me. Adesso basta», e cominciò a scendere rapidamente le ampie scale in marmo. In quel preciso istante, Claudio sentì la porta al piano di sotto aprirsi e la voce dei suoi genitori farsi via via più chiara. La raggiunse a metà scala, l'afferrò per il braccio e tentò di riportarla in camera sua. Lei oppose resistenza. Quando lui vide suo padre salire il primo gradino della scala, si lasciò cadere rotolando come un pupazzo di stoffa, fino ad arrivare ai piedi di lui.

«Oh Cristo Santo! Claudio!», urlò il padre allarmato. Gli prese il viso tra le mani e provò ancora a chiamarlo. Alzò lo sguardo su Adelina mentre lei sotto shock non riusciva a muovere un passo, e li fissava a bocca aperta come se tutto quello a cui stava assistendo fosse un incubo.

«Papà». Claudio aprì gli occhi con l'espressione del moribondo e con voce roca disse. «Fermala, vuole farmi del male», aggiunse un mugolio di dolore «mi perseguita, non mi dà pace... è matta», concluse lasciandosi andare teatralmente tra le sue braccia.

Nel frattempo si avvicinò a passo veloce *Madame Beautiful,* la quale in preda alla disperazione, iniziò a strillare frasi ingiuriose contro Adelina.

Mentre lei accarezzava il figlio, il marito chiamò il 113.

Adelina fu portata via dalla villa da una pattuglia della polizia e condotta nuovamente in psichiatria.

Capitolo 11

Trascorsero alcune settimane. Con l'aiuto del dottor Freni, il fantasma di Claudio nel mondo interno di Adelina, cominciò a poco a poco ad agitarsi di meno, e lei a sorridere di più. Entrambi i suoi genitori le rimasero vicini come meglio poterono. Il padre rinviò l'imbarco di qualche giorno, offrendo alla figlia tutto il conforto e l'amore di cui aveva bisogno. Tina invece continuò a recitare instancabilmente la preghiera del malato e il rosario, coinvolgendo le amiche della parrocchia, le vicine, e i parenti più stretti esasperando in tal modo la pazienza di Adelina che chiedeva invece privacy.

Maggio era ormai alle porte, e con lui la promessa di una tiepida primavera.

Una mattina, Jamil si trovava in biblioteca intento a leggere. Con lui c'erano altri studenti chini sui libri. Adelina stava ritirando alcuni libri dai tavoli quando involontariamente fece cadere a terra dei fogli che sporgevano a lato del tavolo in cui sedeva lui. Si abbassò quindi per riprenderli. Quando li ebbe tutti in mano, alzò lo sguardo su di lui che nel frattempo si era chinato per riacciuffarli.

«Ecco i tuoi fogli, Jamil. Scusami tanto». I loro sguardi si incrociarono e fu come se si fossero carezzati per la prima volta.

«Scusarti per cosa? Il loro volteggiare è stato per me, un prezioso dono di Allah». La voce di lui era carezzevole come quella di un cantastorie d'altri tempi, e il suo accento rendeva le parole poesia.

«Sei molto gentile. Ma perché dici cosi? Non capisco cosa c'entri Allah con i fogli...», chiese lei incuriosita restando piegata sulle ginocchia.

«...se questi fogli», rivolgendo lo sguardo a quelli che lei aveva in mano, «non fossero finiti sul pavimento, i tuoi occhi in questo momento non starebbero guardando i miei».

Lei sorrise lusingata. Quelle parole avevano un qualcosa di affascinante. Poi lentamente si sollevò. Lo stesso fece lui.

«Buona giornata, Jamil».

«Ti va un tè alla menta?», le chiese lui sorprendendola.

«Alla menta?», si fermò incuriosita storcendo il naso in una simpatica smorfia. «Ma siamo a Genova, non nel deserto. Anche se accettassi... insomma... come faresti a offrirmi un tè alla menta?». Adelina stentava a crederci. A modo suo era riuscita a fargli una battuta scherzosa, e lei stessa l'aveva *addirittura* trovata divertente.

«Fidati di me. Sono un uomo del deserto e del tè», le disse con tono allegro porgendole una sedia.

Per la prima volta, e dopo settimane di cupa tristezza, Adelina sorrise di cuore. Lui era riuscito a sorprenderla stuzzicando la sua curiosità.

Si sedettero in un angolo riservato della sala. Lui estrasse dalla sua sacca un *termos* blu. L'ampio coperchio bianco conteneva al suo interno due minuscole tazzine in plastica dura. Le sistemò quindi sul tavolo sotto lo sguardo meravigliato di lei, che osservava silenziosa come se avesse dinanzi un mago intento a far magie. Non appena svitò il tappo, un delizioso aroma di menta riempì l'aria. Lei chiuse gli occhi e poi lo inalò con una lunga e piacevole inspirazione.

«Wow... e questo da dove viene?».

«Dici il *termos* o il tè?».

«Dico entrambe le cose». Si sorrisero. Lei sorpresa di bere un tè arabo in una biblioteca italiana, e lui felice di stare con lei.

«Marocco», rispose fiero.

«Marocco?».

«Sì, Merzouga per l'esattezza», confermò lui mentre sugli angoli della bocca gli spuntava un sorriso nostalgico.

«Ah! Marzouga, mai sentita. E dove si trova?», chiese un po' imbarazzata.

«Ai margini del Sahara, praticamente a pochi chilometri dall'Algeria». Lei annuì.

«Immagino tu sia in Italia per motivi di studio?», gli domandò mentre le due tazzine continuavano a produrre nuvolette di calore come comignoli di camini accesi.

«Sì, esatto. Studio architettura, e sono quasi alla fine del corso di laurea».

«Bene, sono felice per te Jamil. Tornerai in Marocco?».

«Sì, *Inshallah*, tornerò a casa per un pò, poi si vedrà per il domani».

«Allora brindiamo al tuo rientro in Marocco, Jamil Alamà». Sorseggiarono lentamente il loro tè, e lo finirono tra una battuta e l'altra.

«Uhm... davvero buono... Grazie».

«Ringrazia Dio per il tè, cosa farebbe il mondo senza? Come potrebbe esistere senza? Sono molto felice di non essere nato prima della scoperta del tè», le sussurrò. Jamil amava gli aforismi, e spesso li intercalava saggiamente nei suoi discorsi rendendoli ancora più esotici. Aveva parafrasato il poeta Philip Sidney incantandola.

«Beh, dì al tuo poeta, che io invece sono felice di *non* essere nata prima della scoperta del caffè», gli rispose lei mentre lui continuava a guardarla sorridendole. Adelina gettò un'occhiata all'orologio che aveva al polso e scoprì meravigliata che si era fatto tardi. Si alzò, e salutò con un veloce ciao ciao.

«*Salam alekum...*», le rispose invece lui portandosi la mano al cuore, alla bocca e in fronte, come nella tradizione musulmana.

Adelina rimase affascinata dai suoi modi molto delicati e allo stesso tempo singolari. In quei pochi minuti trascorsi con lui, si erano vagamente risvegliate in lei gioia e mestizia, curiosità e mistero. Pace e inquietudine. Tante, troppe cose.

Capitolo 12

Il giorno seguente, all'aeroporto di Genova, la famiglia Parodi cercava di sopravvivere all'ennesima partenza del capo famiglia.

«Mi mancherai papi. Non so come avrei fatto senza il tuo aiuto. E adesso che...».

«Cucciolo mio», le disse lui interrompendola mentre le prendeva il viso tra le mani «...non importa dove andrò, o in quale parte del mondo sarò, anche da molto lontano sarò con te. Ti ascolterò, ti penserò, ti cercherò, ti scriverò... farò tutto ciò che mi è possibile, per non farti mai mancare la mia presenza». L'abbracciò forte.

«Papi, ho bisogno di te, non andare ti prego». Adelina piangeva, non riusciva a staccarsi dal suo collo, mentre Simone indifferente faceva bolle con la sua chewing gum alla fragola, seduto guardando un cane poliziotto che annusava una tipa stravagante con sei piercing sul naso e i jeans a pezzi sulle ginocchia. Quando l'aereo decollò sopra la loro testa, diretto nei mari del Giappone, con lui volò via un pezzo del cuore di Adelina, che non smise di piangere, nemmeno quando il rombo del motore non si udì più.

La mamma abbracciandola le disse: «Mancherà anche a me tuo padre. Non sei sola in questo tormento, figlia mia».

«Ne sei proprio certa, mamma?».

Nel dire questo Adelina corrugò la fronte e strinse gli occhi a fessura, guardandola di sbieco. Tina non replicò e stranamente abbassò lo sguardo.

«Torniamo a casa, dai», le disse poi con voce sommessa asciugandole una lacrima. «Stasera ti preparo un piatto a sorpresa. Ti va?», poi rivolgendosi al figlio cambiò tono e aggiunse: «Simone, smettila di masticare in quella maniera. Ti verrà un blocco alla mandibola un giorno o l'altro, lo sai vero?».

Simone si alzò dalla sedia e con la sua consueta andatura ciondolante, si avvicinò alla sorella. La cinse dai fianchi, continuando a sparare dalla bocca palloncini di gomma in faccia alla madre.

Adelina non era certa che a sua madre mancasse realmente suo marito come lasciavano intendere le sue lacrime. Ogni volta che lui ripartiva, Adelina non poteva non pensare a quel segreto che teneva nascosto nella sua testa ormai da anni e che pesava come un'anguria gigante.

Molti anni prima

A causa di un guasto alle condotte idriche, la campanella della scuola suonò due ore prima. Tornando verso casa, Adelina saltellava felice pensando a ciò che avrebbe potuto fare tutta sola soletta. Quando giunse a casa, qualcosa però cambiò i suoi piani. Entrando sentì subito dei gemiti provenire dalla camera da letto della madre. Preoccupata che quest'ultima stesse male, si precipitò in camera per darle aiuto. Ciò che si trovò dinnanzi fu un vero e proprio shock. Lei era nuda, gemente tra le braccia di un uomo che non era suo padre. In camera c'era odore di umori e umidità. L'uomo aveva una folta barba nera e un tatuaggio sul petto a forma di aquila che in quel momento pareva che planasse realmente.

Rimase pietrificata e dopo un battito di ciglia e aver deglutito scappò via disgustata, scossa e confusa. Per qualche giorno non riuscì a guardare in faccia sua madre. La detestò considerandola una traditrice disonesta, che non meritava l'amore di suo marito. Quel peso che lei portava dentro presto si tramutò in inquietudine. Da quel momento temette che il suo povero papà, rientrasse da un momento all'altro a sorpresa, esattamente come aveva fatto lei, e morisse di crepacuore scoprendoli insieme. Di quella orripilante scoperta, non ne fece parola con nessuno. Crescendo si chiese molte volte cosa sarebbe stato giusto fare in quella circostanza. Parlare o tacere? Il risultato fu di sentirsi in colpa con suo padre e in collera con sua madre, per gli anni a venire.

In casa Parodi, si tornò presto a respirare l'aria di sempre. Tina, tornò ad essere esageratamente assillante. Esageratamente nervosa. Esageratamente ansiosa. Esageratamente apprensiva. Esageratamente *lei*. Era una nevrotica cronica. All'epoca del matrimonio aveva probabilmente desiderato una vita familiare fatta di focolare domestico, copertina in flanella sulle gambe e tv a *go go* la domenica pomeriggio. E invece? Si era ritrovata da sola a gestire due figli e una casa. Le sue amiche la chiamavano 'la vedova bianca' e per questo appellativo Adelina, provava dispiacere per lei. Tina era una donna molto provata dalla lontananza già dalla più tenera età.

Da bambina, aveva subito le lunghe assenze di suo padre, anche lui navigante e figlio a sua volta di naviganti genovesi. Era stata cresciuta dalla nonna paterna dopo che sua madre era deceduta per un banale incidente domestico, causato da una stufa mal funzionante.

Tina all'epoca dei fatti aveva soli dodici anni. La piccola Tina nell'arco di poco tempo, si era ritrovata orfana di madre e con un padre oltre oceano. Dopo l'incidente della madre, aveva sviluppato la fobia per tutto ciò che produceva calore: stufe, forni, caloriferi. Per lei l'associazione era: stufa-calore-morte. Per tale ragione in casa Parodi aveva vietato stufe e caloriferi di ogni genere. D'inverno, in casa si gelava letteralmente. Per combattere le bassissime temperature invernali, Tina però comprava piumini in lana *merinos* delle migliori marche, e pregiate lenzuola in flanella, oltre a delle coloratissime borse per l'acqua calda, ricoperte di lana.

Una mattina, al mercato orientale di Via XX Settembre, Adelina si fermò da Giovanna, la sua 'bisagnina' di fiducia. Chiacchieravano del più e del meno mentre lei teneva in mano un grosso melograno, indecisa se comprarlo oppure optare per qualche stravagante frutto esotico mai mangiato. A un certo punto si sentì dire alle spalle: «Da provare, sono buonissimi credimi...». Si voltò di scatto. Per un istante il suo cuore smise di battere. Davanti a lei c'era Claudio sbucato dal nulla per riportarla dritta all'inferno. Il melograno le cadde dalle mani. Scappò via, come una preda dinnanzi al suo cacciatore. Lui la inseguì gridandole di non aver paura. Corse dritta fuori dal mercato.

«La prego, la prego mi aiuti. Quel ragazzo mi sta inseguendo», disse con voce scossa al vigile urbano in servizio fuori dal mercato. Ma quando si voltò per indicarglielo, lui si era dileguato come un serpente tra i sassi. Si sedette su una panchina e cercò di riprendere fiato. *Dio mio, sto forse impazzendo?* si domandò portandosi le mani sulla criniera, che nel frattempo, si era moltiplicata di volume per la paura. Spaventata dalla prospettiva di star male ancora, con il passare delle ore si convinse che era arrivato il momento di non permettere *più* a quello squilibrato di farle altro male. Basta. Ora doveva solo scendere in campo, lottare e vincere quella dura battaglia contro il terrore e l'ansia. *Cadere si può, rialzarsi si deve,* si ripeté più volte ripensando alle parole del suo dottore.

Le sedute con il dottor Freni, con il trascorrere dei giorni, furono programmate con cadenza quindicinale e non più settimanale.

«Adelina, oggi ho per te una notizia che ti farà molto bene...», le disse il dottore dopo averle indicato la poltrona.

«Mi dica dottore, di cosa si tratta?», gli chiese mentre smanettava con il suo cellulare per metterlo in modalità silenziosa prima possibile. Era la regola del dottore. Adelina lo sapeva benissimo che lo squillo del cellulare gli avrebbe fatto perdere la sua calma zen per trasformarlo in un orco. O perlomeno così le avevano raccontato.

«Si tratta di Claudio...», replicò lui chiudendo il suo notes.

Adelina si bloccò con una mano dentro la borsa. Sgranò gli occhi su di lui. Poi li abbassò sul notes che lui aveva appena chiuso poggiandovi sopra la penna chiusa. Adelina aveva imparato a conoscere il dottore e aveva anche imparato che molti dei suoi gesti, in apparenza casuali, nascondevano invece dei significati profondi e terapeutici. *Cosa mi sta volendo comunicare chiudendo il notes invece di aprirlo come fa di solito?* Pensò incuriosita.

«Claudio?», gli rispose quindi abbandonando la tracolla a lato della poltrona sul pavimento. A quel punto pendeva dalla sue labbra, che tuttavia in quel momento sorridevano in maniera rassicurante.

«Sì, Adelina». Rispose il dottore. «Claudio è stato trasferito alla biblioteca di Legnano, in Lombardia. Dicono che abbia creato qualche disordine presso la nuova sede lavorativa in cui era stato trasferito dopo Genova».

«Oh mio Dio!», sussurrò guardando verso l'alto.

«Farai bene ad abituarti alla sua assenza da Genova...», rispose il dottore.

«Sì... sì... sì!», esultò sollevandosi in piedi come aveva sempre fatto allo stadio quando Jovanotti era entrato sul palco. Finalmente quella poltrona delle lacrime, si era trasformata nella poltrona dell'allegria. Da quel preciso istante sbocciò una nuova Adelina. Piroettò felice fino a dietro la scrivania, poi – anche se non autorizzata – abbracciò in lacrime il dottore che nel frattempo si era alzato per prendere qualcosa dalla sua libreria.

«Ti auguro ogni bene, Adelina cara. Ricordati di aver cura di te. Gioisci, viaggia, spera, ama, sogna, osa, piangi, ridi e soprattutto non smettere mai di essere ciò che sei. Prendi questo e di tanto in tanto leggilo. Ti aiuterà». Adelina andò via con il suo libro in mano camminando come un folletto felice su un prato di verde speranza.

Tutto, o quasi, tornò a poco a poco alla normalità. Adelina riprese la rotta ormai collaudata del lavoro, degli amici, della famiglia e saltuariamente della palestra.

Nella sua piccola macchina, Jovanotti riprese il suo posto d'onore, dopo che Claudio le aveva vietato di ascoltarlo in sua presenza. L'appetito e le calorie tornarono a tormentarla, come prima e più di prima, anche se nelle settimane precedenti, il carico di tensione che aveva dovuto sopportare, le aveva tolto appetito e il suo peso era rimasto invariato. I brutti ricordi c'erano ancora ma, come le aveva suggerito il dottor Freni, avrebbe pian piano provato a conviverci. *Forza e coraggio sempre e comunque. Forza e coraggio sempre e comunque,* si era detta camminando. Un nuovo capitolo della sua vita stava per iniziare.

Capitolo 13

Jamil, tra saluti lampo e timidi sorrisi, continuava a sperare di riuscire ad arrivare al cuore di lei. Le fece recapitare un piccolo pacchetto accompagnato da un biglietto che diceva: '*È il profumo che sento nel mio cuore quando penso a te*'. Mentre lei cercava di convincersi che *non poteva, non doveva* e *non voleva,* una gioia inaspettata la stava inondando. Piegò velocemente il foglio, notando con la coda dell'occhio che Miriam, la sua collega camminava spedita verso di lei. Portava in mano dei registri e aveva una quantità di profumo addosso davvero insopportabile.

«Adelina, sono arrivati i libri da Milano. Ci pensi tu? Oggi sono incasinatissima e se mi gira me ne vado subito», le disse con la sua voce acuta sistemandosi un ciuffo di capelli come se fosse dinnanzi allo specchio del suo bagno.

«Certo Miriam».

«Ehi, bella ricciuta...», così la chiamava, «abbiamo novità all'orizzonte?», chiese con tono allusivo sciogliendo in bocca una caramella come se si stesse togliendo cibo tra i denti, e con gli occhi scrutava il pacchetto che Adelina aveva dimenticato di mettere via.

«Sì Miriam, ma non sono affari tuoi», le rispose facendole una boccaccia affettuosa. Miriam era la più simpatica di tutte le colleghe della biblioteca. Una donna eccentrica, single da anni e gattara dalla nascita. Nonostante le separasse una generazione, insieme si divertivano parecchio. Miriam era stata la sola tra tutte le colleghe e la società in generale, a non averle mai stampato addosso il marchio della squilibrata, e cosi in cambio di tanta bontà e rispetto, Adelina era solita prestarle e condividere con lei, i suoi mitici libri da collezione. Ne aveva tantissimi, di quelli che *Google* definiva, "I libri più strani al mondo". Libri per amanti di storie bizzarre e soprattutto non convenzionali. L'ultimo che avevano letto insieme s'intitolava: *L'arte dello sputacchio cinese* teoria che poi si erano divertite a mettere in pratica per le strade di Genova, sotto lo sguardo disgustato di passanti sgomenti. Ma quelli che le avevano coinvolte più di tutti erano stati: *Rimedi e risate per la stitichezza* e *Storia delle mutande*.

Quando fu certa di essere sola, aprì il pacchetto. Dentro c'era una boccettina di essenza alla Rosa del Dades, tipica fragranza del Marocco, che per uno strano gioco del destino lei comprava abitualmente nei bazar etnici sotto casa. La stessa sera, mentre se ne stava distesa sul divano abbracciata al fratellino completamente assorbito dal suo nuovo videogame, e la televisione era accesa su un programma di quiz su Rai 1, le vennero in mente gli occhi neri di Jamil, e sospirò. Il magico momento fu però interrotto dalla voce di sua madre, che dal bagno strillava.

«Adelina, hai preso i farmaci?».

«Sì, mamma, stai tranquilla», sbuffò lei mentre Simone si tappava le orecchie.

«Brava, vita di mamma tua. Non sai quanto sia importante per me sapere che li prendi puntualmente. Ne va della tua salute e della nostra reputazione».

Poi d'improvviso tacque, si udiva soltanto il suono dello spazzolino da denti elettrico con il quale ossessionava i suoi denti per almeno venti minuti.

Lo sguardo ridente e gli occhi di Jamil riapparvero come magneti nella sua mente. Erano sereni e profondi come un tunnel. Trascorse la notte insonne, sospirando sul suo cuscino che odorava di profumo alla rosa del Dades. Era meraviglioso poggiarvi la guancia e sentire un fremito farsi strada in lei.

Nei giorni a seguire il suo caschetto era già più gonfio e riccio del solito. *Buon segno,* pensò ironizzando. Un po' per dolce far niente e un po' per diletto, si recò a Villa Durazzo Pallavicino, splendido parco poco distante da casa sua. Era un pomeriggio di fine maggio, tiepido e luminoso, di quelli fatti per passeggiare. Un'atmosfera di serenità avvolgeva l'intero parco, rendendo il suo lento e pigro gironzolare una sorta di fuga nell'Eden. Adelina amava la natura. Per lei era come un dolce rapimento dei sensi godere del cinguettio di uccellini danzanti e di api indispettite. Si sedette comoda su un morbido prato verde a ridosso del laghetto dal quale si erge lo straordinario Tempio di Diana. Di lì a poco avrebbe iniziato a leggere: *E poi siamo arrivati noi* della scrittrice Joshua Ferris, una spassosa farsa ambientata in un ufficio.

A un certo punto udì un delicato suono melodioso provenire dalla sua destra. Incuriosita, alzò lo sguardo in quella direzione. *Per la miseria!* Pensò. Gettò d'istinto il libro sul prato, brancolò indietro come un granchio di mare, e si nascose a ridosso del primo cespuglio che incontrò. Spalancò le palpebre per essere certa di non essere allucinata. La possibilità di esserlo era il suo peggior incubo, anche se di fatto, allucinata non lo era stata *mai,* e il suo bipolare II non contemplava tale sintomo. Aveva però subito il trauma delle allucinazioni, durante uno dei suoi ricoveri.

Reparto di psichiatria. Novembre 2010

Alloggiava in una stanza assieme a una ragazzina di circa vent'anni, mora con dei grandissimi occhi verdi. Marta, questo era il suo nome, le parlò di Antonio, il suo fidanzato. Le raccontò in sole ventiquattro ore tutta la sua vita, e che presto lei e Antonio si sarebbero sposati. Di fatto però Antonio non esisteva o perlomeno esisteva soltanto nelle allucinazioni uditive di Marta. Sfortunatamente, a complicare il quadro della situazione vi era stato lo sviluppo di una gravidanza isterica, a causa della quale Marta fu ricoverata d'urgenza in psichiatria. Il pancione di Marta, vuoto e tondo come un globo, si era impresso nella mente di Adelina in maniera indelebile, e con esso anche la paura delle allucinazioni.

Ancora nascosta dietro al cespuglio, mordendosi il pollice, continuava a chiedersi: realtà o fantasia? Ma quando lui si voltò, non ebbe più alcun dubbio. Era Jamil. Per quella fortunata coincidenza, avrebbe voluto ringraziare l'aria, la vita, le stelle e l'intero universo. Anzi di più. Avrebbe ballato con gli uccellini festanti, e baciato ogni fiore e filo d'erba che tappezzava il parco. Di venire allo scoperto non ci pensava minimamente *piuttosto mi pianto qui,* pensava immobile come una lucertola sotto al sole. Rimase perciò per un po' ad ammirarlo, resistendo alle molestie di un insetto piuttosto accanito che le ronzava intorno al naso senza darle tregua.

Jamil poggiò il violino sul prato e si distese sull'erba incrociando le mani dietro la nuca. Notò solo in quel momento quanto fosse attraente e vigoroso il suo corpo. Quando di tanto in tanto lui si voltava nella sua direzione, lei prontamente si copriva tra le foglie del cespuglio con il cuore palpitante. Lì per lì pensò di inviargli un messaggio, ma solo in quel momento si ricordò di non avere ancora memorizzato il suo numero da quando lui – qualche giorno prima – glielo aveva scritto su un petalo di rosa rosso e glielo aveva passato stringendole la mano sotto lo sguardo indagatore di Miriam. Adelina lo aveva conservato con molta cura nel suo portafoglio, ma poi se ne era dimenticata. Quindi lo ripescò subito sperando che nel frattempo non si fosse essiccato. Era leggermente sbiadito. Il terzo numero non si riusciva a leggere, le sembrava un otto o forse era un tre. Avrebbe cominciato provando con l'otto. Fece partire il primo *sms,* poi il secondo e infine il terzo. Lo sguardo di lui, si illuminava a ogni *bip* del suo cellulare – era un otto quindi – ma stranamente non le rispondeva, limitandosi a sorridere con aria sognante. Il gioco durò qualche minuto, perché quando lui si decise a risponderle e la invitò a raggiungerlo per una passeggiata insieme, lei si defilò dal parco.

Nei giorni successivi continuarono a chattare sui social e in privato. Tale stratagemma era ad altissima sicurezza, lei che non voleva incorrere nel rischio di finire imbrigliata in un'altra brutta sorpresa. Ma la vera Adelina non avrebbe mai agito in quella maniera. Presto infatti, la parte più audace di lei, le suggerì di rompere il muro della tecnologia e incontrarlo. Temeva il peggio. Temeva la delusione. Temeva il crollo. Temeva qualsiasi cosa. In compenso la formula della *voyeur* funzionò ancora per un po'. Scoprì molte cose di lui, per esempio che suonava la *rababa,* strumento dell'antica tradizione berbera, evocando su Genova mistiche atmosfere dal fascino esotico. Quando non suonava, leggeva e quando non leggeva, fumava la *shisha,* la tipica pipa araba. Trascorsero alcuni giorni. Finalmente Adelina, decise di incontrarlo *vis à vis.* A sorpresa. Alle prime luci dell'alba, del lunedì successivo giorno in cui anche lui andava al parco, Adelina aveva una sola preoccupazione, la più tipica delle donne. Cosa mi metto? Spalancò le ante del suo armadio, e si posizionò lì davanti come una bella statuina. Tirò fuori pantaloni, gonne, camicie, *T-shirt,* borse e collane, che in preda all'indecisione più assoluta finirono sparpagliate sopra e sotto i mobili, e per tutta la lunghezza e larghezza del letto. Sospirava gemente e piangente in quella valle di abiti. Doveva però affrettarsi, presto la mamma sarebbe entrata in camera sua per ricordarle di prendere i farmaci. Sbuffando ancora indecisa, gettò in aria l'ennesima maglietta che non andava bene per l'occasione.

In quel preciso istante, il generale dell'armata prussiana in vestaglia bussò ed entrò di volata nella stanza, senza nemmeno chiederle il permesso.

«Amore di mamma tua, hai preso i farm...». La parola le morì in bocca. Lo sguardo di Tina era quello tipico di chi aveva appena subito uno shock: bocca aperta, palpebre spalancate e due occhi che roteavano come impazziti dinnanzi a quel caos di abiti.

«Adelina, che succede? Ti senti confusa? Vuoi che chiami il medico? Oh Dio mio che ne sarà di questa povera figlia mia!», esclamò mentre guardava verso il cielo, mendicando aiuto al Padre Eterno. Lei la guardò furibonda. *Ci risiamo con la consueta tiritera. Stamani gliene dico quattro. Giuro, lo faccio,* pensò. Tina, intanto dall'alto del suo metro e settantacinque sottopeso, continuava a osservarla come se fosse un'estranea catapultata in camera di sua figlia. I suoi occhi di color azzurro sbiadito, sbucavano farneticanti da quel suo viso ovale e sempre pallido, che però per l'occasione si era colorato a chiazze di amaranto.

«Va tutto bene mamma, esci o ti ammazzo stamattina!», le disse tra il serio nervoso e il faceto convinto.

«Guarda Adelina, che se ricominci a fare la *strampalata,* chiamo il dottore. Ci siamo intese? Rimetti a posto tutto e subito». Poi uscì dalla stanza e tornò in camera a pregare per la figlia.

Si erano fatte le nove circa, *ok, adesso sei decente... puoi andare,* pensò rigirandosi allo specchio per l'ennesima volta. Indossava i suoi jeans preferiti a zampa d'elefante, una maglia *large* a fantasia floreale, occhiali da sole Ray-Ban versione specchiata, e l'immancabile tracolla etnica. Il suo caschetto era una bolla di riccioli felici, morbidi e profumati alla vaniglia. Aveva un po' di strada da percorrere, perciò ci diede dentro con l'acceleratore. Sgommando un po' qua e un po' là, cantava a squarciagola 'Serenata rap, serenata metropolitana, mettiti con me non sarò un figlio di puttana...' di Jovanotti. Giunta a un semaforo, istintivamente gli occhi le caddero sullo specchietto retrovisore. Si accorse di avere il viso gonfio, sembrava che fosse pieno d'aria. Aveva letto da qualche parte che in tali casi, bastava fare alcuni semplici esercizi e come per magia il viso si sarebbe rilassato come quello di un angelo. Spalancò la bocca come si fa dal dentista, poi la chiuse a riccio, poi aprì gli occhi, poi li chiuse, quindi digrignò i denti e infine corrugò la fronte. Per finire, si voltò a destra, e poi a sinistra. Qui, si accorse che due ragazzini su uno scooter, fermi anch'essi al semaforo, se la ridevano a crepapelle guardandola. Imbarazzatissima, fece loro una smorfia mise la prima marcia e filò via.

Quando giunse al parco, le tremavano anche i piedi. Con la stessa grazia di un asino caricato di pesanti ceste di frutta, attraversò il lungo viale che costeggia l'entrata del parco. Arrivò finalmente a destinazione. C'erano tutti: gli uccellini, i fiori, l'erba, gli insetti, i turisti, i giardinieri, il ruscello, il sole, *eccetto* lui. La delusione di Adelina fu più cocente del sole che quella mattina aveva deciso di surriscaldare il pianeta. Si sedette ad aspettare sotto l'imponente chioma di un grande albero secolare. Sembrava Giulietta in attesa di Romeo. Un Romeo a cui però lei non aveva dato alcun appuntamento. Intanto, il cuore le batteva ugualmente a mille, le sue ascelle sembrava che piangessero disperatamente e il caschetto si era ammosciato per la calura. Un'ora dopo, delusa per come erano andate le cose, decise di tornarsene a casa. La sera, si mise a letto prima del solito. Fissò con estrema attenzione il colore bianco del soffitto, sbucciato qua e là per l'umidità, sperando che almeno lui le desse la risposta alla domanda che si era fatta dieci, cento, mille volte. *Ma dov'è finito?*.

L'idea del 'muro consigliere', gliela aveva infilata in testa Francesco. Un paziente che aveva conosciuto in psichiatria pochi mesi prima. Quel ragazzino dall'aria un po' sbadata, appena diciannovenne, non troppo bello ma molto simpatico, era stato ricoverato per aver imbrattato i muri della scuola e di casa sua. A suo dire, essi non gli avevano dato le risposte che gli aveva chiesto. Francesco diceva infatti di vedere sui muri le risposte alle domande che la gente gli faceva, e quando il muro non gli rispondeva, lui prima si bloccava con lo sguardo rivolto al muro e poi esplodeva. Da allora Adelina non l'aveva mai scordato. Come non aveva dimenticato tutte le loro strampalate chiacchierate a tre: lei, Francesco e il muro.

Finalmente sentì vibrare il suo cellulare. Era lui. Confusa ed emozionata, si alzò come se l'avessero punta da sotto le lenzuola. Una vampata di calore piombò immediatamente sul suo volto. Il cellulare cadde a terra, lo riprese velocemente e lesse il messaggio trattenendo il respiro.

"Esame superato! Dottore in architettura. Scusami se non ti ho detto nulla, ma l'ho fatto per scaramanzia. Dite cosi voi italiani, giusto? Bacio. Jamil".

Baciò quel *sms,* e piroettò felice come la bambola di un carillon natalizio, pregustando già il lunedì successivo quando finalmente gli avrebbe fatto una sorpresa al parco.

Nei giorni successivi, pregò e sperò che Jamil si recasse al solito posto come ogni lunedì. Era arrivato il momento di incontrarlo, e il parco Durazzo Pallavicini con la sua quiete celestiale sarebbe stata la *location* ideale che lei voleva per il loro primo incontro fuori dalla biblioteca.

Quando qualche giorno dopo arrivò a destinazione, tutto lo scenario del parco tornò in posa per lei e la squadra era al completo: gli uccellini, il prato, gli insetti, i giardinieri, i fiori e soprattutto lui. Adelina aveva le mani sudate, lo stomaco a soqquadro e le palpebre tremanti come se avesse un tic nervoso per l'emozione. Avanzò verso di lui con fare apparentemente calmo e rilassato. A ogni passo di prato calpestato si ripeteva il suo mantra: *'Forza e coraggio sempre e comunque. Forza e coraggio sempre e comunque'*. L'emozione che stava provando poteva farle scoppiare il cuore. Aveva sognato quel momento per sette notti consecutive, e ora che era a pochi passi da lui, le mancava il respiro, e le sue gambe erano di crema. Era ormai talmente vicina alle spalle di lui da poterle toccare. Larghe, possenti e ben delineate. Le ricordavano quelle di un famoso giocatore di football, di cui non ricordava il nome ma che ammirava in un poster ogni volta che le capitava di entrare nella stanza di Simone. Da così vicino, il suono del violino, aveva un effetto quasi ipnotico. Improvvisamente però si arrestò, arretrò di qualche passo e tornò al suo rifugio/cespuglio. Si rese conto che, sì, voleva fargli una sorpresa, ma non voleva sbucare dal nulla come la Madonna apparse a Fatima in Portogallo. Gli scrisse quindi un sms e aspettò l'esito: "Starei ore e ore ad ascoltarti. Cercami intorno a te, e io ci sarò".

Capitolo 14

Sorpreso dal contenuto di quell'inatteso messaggio, Jamil si alzò e si tolse gli occhiali da sole. I suoi occhi guidati dal desiderio di rivederla, seppero *esattamente* dove guardare, e la trovarono subito. Lei era a pochi metri da lui, con una mano poggiata sulla tracolla e l'altra sul cespuglio. Teneva gli occhiali da sole in testa, e sorrideva imbarazzata e felice. Avrebbe voluto corrergli incontro, ma l'emozione glielo impedì. Rimase ferma. Lui le corse incontro lasciando incustodito sul prato tutto ciò che aveva con sé, e dopo aver abilmente schivato alcuni piccoli cespugli di fiori, finalmente l'ebbe vicino, molto vicino. Sorrideva emozionato come se avesse davanti il suo miracolo più grande. Il ragazzo che aveva bramato e sognato per settimane, quello che le aveva dedicato i suoi più belli aforismi, era finalmente reale. I loro occhi si guardarono sussurrandosi le frasi d'amore più belle mai dette prima di quel momento. Jamil raccolse il viso di lei tra le sue mani tremanti, e socchiuse gli occhi inspirando il suo profumo. Al tocco di lui, anche lei d'istinto chiuse gli occhi. Aveva un solo desiderio in quel momento. Baciarlo. Perdersi tra le sue labbra e sentire il suo respiro ansimare per lei.

«Vieni con me...», le disse lui. Tre sole parole che diedero inizio a una corsa a perdifiato.

«Dove?»,ribatté lei eccitata.

Dieci, cento, e mille altre domande si agitarono nella sua mente, mentre già correvano a una velocità che pareva si stessero preparando alla maratona di New

York. Cercò di sopravvivere a quella inaspettata faticaccia, e con la bocca già secca e la fronte madida di sudore, si malediceva per non aver resistito oltre i due minuti su quel tapis roulant della palestra. Adesso rischiava: uno di morire affaticata e due di doversi fermare, mandando a monte ciò che lui aveva in mente. Attraversarono il viale delle Camelie, e passarono per il lago vecchio, dove lei avrebbe voluto cacciarsi per rinfrescarsi un po'. Giunsero al castello, e proseguirono ancora per i viali del parco senza rallentare la corsa. *Per la miseria, ma dove mi sta portando?* si domandava quasi moribonda e rossa in viso come la mela che aveva addentato la mattina a colazione.

«Eccoci arrivati, attenta alla testa», le disse.

Quella fuga d'amore, che sembrava piuttosto la fuga da Alcatraz, miracolosamente si era conclusa. Adelina annaspava in cerca d'aria piegata in due dal fiatone. Si appoggiò con le mani sulle ginocchia, facendo penzolare la testa verso il basso. Presto si sentì pervadere da un'ondata di gradevole aria fresca. Alzò la testa domandandosi se fosse finita in un refrigeratore, oppure in un bosco fresco e silenzioso. Stropicciò gli occhi cercando di scrutare meglio intorno a sé, ma vide poco, anzi pochissimo e quel poco che riuscì a vedere le fece pensare a una caverna. Sentì Jamil tirare un profondo sospiro di sollievo come se avesse superato una prova difficilissima e adesso stesse ringraziando Allah, per il buon esito della stessa. Un vago odore di muffa proveniva dalle umide rocce sporgenti della grotta, da cui filtravano piccoli rivoletti d'acqua. Essa era illuminata soltanto da una tenue luce azzurrina che si scorgeva a una ventina di metri da loro. Il soffitto, basso e colmo di fori rocciosi, li costringeva a stare un po' curvati per evitare di battere la testa. C'era un silenzio quasi innaturale e i rumori del parco giungevano all'interno attutiti come se all'improvviso fosse scesa la sera. Una magica sera sul loro primo incontro.

Jamil le porse con gentilezza un fazzolettino, scusandosi se la corsa l'aveva stancata un po'. *Un po'? Mi ha distrutta letteralmente. Per la miseria,* pensò con un pizzico di simpatico risentimento. Le si avvicinò, la guardava negli occhi mentre le cingeva delicatamente il collo. Che rabbia che gli faceva. Lui non aveva il fiatone come lei, non era sudato quanto lei e sembrava calmo e rilassato più di lei. Era arrivato l'atteso momento. Per qualche strana ragione, lei esplose in una sonora risata e un attimo dopo rideva anche lui. Sembrava che non dovessero smettere mai. Quando ripresero il controllo delle loro emozioni, confusi e felici, si trovarono l'uno di fronte all'altra consapevoli di cosa stava per accadere. Cosa aspettava a baciarla? Adesso poteva farlo. Non c'era nessuno. Né passanti, né giardinieri. Solo le loro ombre e alcuni piccoli ragni abbarbicati indifferenti alle pareti rocciose della grotta in cui si trovavano.

«Baciami Jamil... ti prego!», gli sussurrò lei con voce implorante all'orecchio.

I ruoli si erano inaspettatamente ribaltati. Non era lei quella terrorizzata dalla sagoma di qualsiasi essere in movimento definito uomo? E adesso? Adesso *osava,* sì osava perché non desiderava altro che *quelle* labbra sulle sue, le stesse che aveva smaniato e fantasticato nelle ultime notti d'insonnia e merendine a *go go.* I loro corpi erano ormai vicini, talmente stretti da sentire il suono del respiro l'uno dell'altro. Lui teneva gli occhi semichiusi, mentre con la punta del naso disegnava con movimenti lenti e sensuali, il contorno delle sue labbra.

Adelina resistette il tempo di due respiri, poi poggiò le sue labbra su quelle di lui come una navicella spaziale che sta atterrando sulla luna. Lui assecondò i movimenti di quel reciproco desiderio che aumentava a dismisura. Si sfiorarono, si baciarono. Quel primo bacio sembrava non riuscisse a dissetarli, né tanto meno a saziarli. Lui riaprì gli occhi e le prese il viso tra le mani. La guardò come se volesse avere prova che fosse tutto vero. La baciò ancora e poi ancora, avvolti da quel magico silenzio che metteva in risalto il loro incessante ansimare. Per alcuni minuti al parco e dentro la grotta ci furono soltanto loro. Tutto il resto si era eclissato nel silenzio; i turisti, i fiori, i giardinieri, perfino il cielo si era ritirato umilmente dinnanzi al nascere di quel meraviglioso sentimento, destinato a prove importanti.

Capitolo 15

Dopo quel bacio appassionato, fra Adelina e Jamil fu un crescendo di amore e tenerezza. Non era stato affatto semplice e indolore per lei curare le ferite che la storia con Claudio le aveva inferto, ma il giorno in cui aveva detto *b-a-s-t-a* era iniziato un nuovo capitolo della sua vita.

Un capitolo che non contemplava però un paragrafo importante: dire a Jamil del suo disturbo. Adelina era tormentata dal dubbio. Temeva che se lui avesse saputo, l'avrebbe guardata diversamente. Per convincersi di aver fatto la scelta migliore, ripensò alle parole del dottor Freni, quando nel corso di una seduta, le aveva detto: «Il tabù della malattia mentale purtroppo dilaga ovunque Adelina cara, tra ricchi e poveri, acculturati e non. La malattia mentale, rende le persone ciniche e talvolta anche spietate contro chi ne è affetto».

Lo sapeva benissimo lei. Lei, che per tutti era solo la bipolare, o 'la matta del secondo piano' o peggio ancora 'l'esaurita'. In altre parole, quella da compatire, assecondare, e affidare alle mani di Dio per la sua salvezza. Uno stigma terrificante, il solo e l'unico capace di toglierle la gioia di vivere, e trasformarla in una cerbiatta impotente. *E comunque ora che sto bene e il pendolo del mio umore è una bilancia perfettamente equilibrata, non è proprio il caso di confessarmi a lui,* pensò illudendosi. Vero era che il disturbo poteva ripresentarsi in qualsiasi momento e scegliere liberamente chi attaccare: Adelina/adrenalina, con un'esplosione di allegria incontrollata e bizzarra, oppure Ione/depressione, facendola entrare nel tunnel buio dell'angoscia. Ma perché disturbare il cane che dorme? Solo il pensiero di una delle due possibilità le toglieva il respiro.

Jamil intanto si confermò ai suoi occhi il ragazzo *Harmony,* per eccellenza. Quello per il quale spasimare di notte e sposare di giorno. Ma come in qualsiasi rapporto d'amore non tutto filò liscio. Presto, si dovettero confrontare con le loro differenze culturali. Ed ecco cosa accadde. Aguzzarono l'ingegno e *voilà,* scrissero nero su bianco, ciò che denominarono simpaticamente: *Accordo di convivenza tra una donna occidentale, e un musulmano radicale.* Una mini guida pratica a loro uso e consumo, fatta di semplici regole di comportamento che entrambi avrebbero dovuto rispettare, pena la possibilità di qualche inevitabile controversia. Essa contemplava le voci più significative delle loro differenze: preghiera, alimentazione, amoreggiamento in pubblico, digiuno e sessualità nel mese del Ramadan. Ma ciò che con il trascorrere del tempo sorprese positivamente entrambi, fu riuscire a trasformare tali differenze in straordinarie risorse.

Preghiera. Jamil pregava rigorosamente cinque volte al giorno, mentre lei *coglieva l'occasione* per tentare di riavvicinarsi al suo di Dio e sbirciare su quello del suo ragazzo.

Cibo. Nessun problema anche a tavola. Proibiti dalla religione musulmana: maiale, alcol, formaggi e crostacei. Adelina si accorse che dopo aver *volontariamente* modificato la sua sconsiderata alimentazione a base di carne grassa, merendine e bibite effervescenti, il suo peso era sceso di qualche etto.

«Jamil, sai una cosa?», gli disse un giorno in fila alla cassa di un supermercato. «Allah è dietetico per me», esibendo un giro vita leggermente più assottigliato.

«Allah è grande. Lui vuol tanto bene anche a te», replicò lui sorridente mentre una signora alle loro spalle, sulla sessantina e tirata a lucido, li ascoltava divertita.

Amoreggiamenti in pubblico. Jamil, nonostante avesse assimilato gran parte degli usi e costumi occidentali, in pubblico era acciaio puro. Lei sorrideva di questa cosa, soprattutto quando dinnanzi a una coppia di fidanzati che si baciavano, la sua espressione sembrava più quella di un'anziano prete inorridito, che di un giovane innamorato di ventisei anni.

Digiuno e sessualità nel mese del Ramadan. Qui raggiungere l'accordo fu un po' meno semplice. Adelina si sentiva molto attratta da lui e l'idea di non poterlo sfiorare o farsi sfiorare per trenta lunghi giorni, le fece storcere un po' il naso. Tentarono allora di arrivare a un piccolo compromesso ma non raggiunsero comunque l'accordo. Jamil era irremovibile. Sul digiuno «...tanto di cappello», gli aveva detto Adelina «ma sulla sessualità, non so se risponderò di me e dei miei bassi istinti...», aveva concluso ridacchiando, dandogli un pizzico all'interno coscia.

Capitolo 16

Intanto i giorni trascorrevano veloci, e il loro amore viaggiava lungo meravigliose strade panoramiche.

«Adelina, devo dirti una cosa molto importante», esordì approfittando di un momento di relax a casa di lui.

«Uhm, dimmi...», rispose lei sbadigliando mentre si godeva i postumi di un intenso piacere che li aveva avvolti sotto le lenzuola.

«Sono giorni che ci penso...», esitò lui qualche secondo. Poi si voltò e si mise di fianco a lei, carezzandole il corpo ancora nudo e caldo. Gli mancavano le parole, ma non tanto quelle giuste, piuttosto quelle che sperava non la ferissero come lui temeva. «Perdonami se non l'ho fatto prima, ho... avuto paura», balbettò lui. Fece l'ultima pausa di silenzio, poi d'un fiato le disse. «Fra pochi giorni dovrò lasciare l'Italia e rientrare in Marocco».

La notizia venne accolta dal silenzio più assoluto.

«Adelina, mi senti?». Lei si era addormentata come Biancaneve nel bosco. Jamil sospirò a lungo scoraggiato, lasciando cadere la sua testa sul braccio di lei.

Adelina si svegliò di buon'ora. Era domenica e si sentiva allegra e piena di energie positive. Dalla finestra socchiusa della camera, filtrava un po' di luce. *Dovrebbe essere una bella giornata,* pensò ottimista come sempre. Jamil dormiva rivolto verso di lei e sembrava che le sorridesse. Adelina rimase a contemplarlo per qualche minuto come se fosse un'opera d'arte. Ascoltò sognando il suono delicato del suo respiro, inspirò profondamente il profumo di pulito che emanava il suo corpo, e lo carezzò a lungo godendosi i piaceri di quella pelle liscia e levigata. Avrebbe fermato il tempo. Si sentiva finalmente felice e fortunata.

«E tu? Chi sei bella ricciolina, perché occupi il mio letto?», le disse lui con tono ironico appena aprì gli occhi, prima di tirarla a sé per colmarla di baci, carezze e parole d'amore.

Dopo quel meraviglioso risveglio fatto di tenerezza, intimità e passione travolgente, Adelina tornò alla realtà e si ricordò di Tina. Prese dal comodino il suo cellulare, lo accese e controllò che non avesse chiamato le Forze Speciali per rintracciarla. Si accorse che per fortuna aveva letto e risposto al suo messaggio della sera prima, in cui diceva che avrebbe dormito da Miriam.

Jamil si alzò prima di lei, mentre lei si stiracchiava ancora qualche minuto sotto le lenzuola. Poi fece una doccia veloce e si preparò per la colazione. Allestirono la tavola nel piccolo terrazzino della cucina.

«Adelina, stamattina vorrei cominciare la nostra giornata, raccontandoti un'antica leggenda araba. Ti va di ascoltarmi?», le sussurrò mentre lei finiva di sistemare i cucchiaini e le tazze sul tavolo.

«Certo che mi va, ma prima facciamo colazione, anzi aspetta prendo le mele in frigo e ti raggiungo».

Due passi dopo tornò indietro e gli domandò: «Jamil, per caso vuoi dirmi qualcosa? Hai un'aria strana stamattina. E poi questa novità della leggenda araba...».

Lui le si avvicinò, le baciò teneramente la fronte.

«...Sì, devo parlarti di una cosa molto importante».

«Okay, arrivo subito allora», replicò lei con voce pacata e sguardo preoccupato. Quando tornò sul terrazzino, lui era al telefono. Si sedette a tavola aspettando che finisse di parlare, anzi di urlare in arabo. Prese una mela dalla ciotola blu in ceramica e cominciò a rigirarsela tra le mani. Jamil andava avanti e indietro come un animale in gabbia. Di tanto in tanto allontanava il cellulare dall'orecchio alzando gli occhi in cielo. Sospirava di continuo.

Adelina diede un primo morso alla mela. Adorava le mele, soprattutto quelle rosse e polpose. Quando era solo una bambina, ogni anno a settembre tutta la famiglia si trasferiva per qualche giorno a casa di alcuni parenti in Piemonte, per la raccolta delle mele. Per lei quello era il giorno più atteso dell'anno, quasi più del Natale o del suo compleanno. Si alzava eccitatissima al canto del gallo, e usciva dal casale antico in cui vivevano gli zii, indossando i suoi bei stivaletti da contadinella. Durante la raccolta, lo zio le diceva che poteva mangiare le mele anche senza lavarle. Questa cosa la divertiva tantissimo, perché di contro Tina a casa la costringeva a lavare ogni cosa rientrasse nella catena alimentare, comprese le noci prima di sgusciarle.

Un violento pugno sul tavolo, la riscosse da quei bei ricordi lontani, terrorizzandola. Vibrarono cucchiaini e piattini. Guardò Jamil sconvolta poggiando lentamente la mela sul tavolo.

In quel momento, riuscì a pensare di lui solo le cose più spaventose. Bevve velocemente un sorso d'acqua, poi un altro pensiero le fece andare il sangue sotto lo zero. *E se fosse un mercante d'armi? E ora sta litigando con il suo complice?* Si alzò. Non voleva sentire altro. Ma di colpo cambiò idea, e si sedette di nuovo. *A vederlo mi sembra più un esagitato che il mio dolce Jamil.* Strinse le labbra impaurita. *Non lo riconosco...E se fosse invece un bipolare islamico?* Eccolo. Il suo incubo ricorrente era riemerso. Vedeva ovunque bipolari. *E come sono i bipolari islamici? Calmi la notte e nervosi di giorno? Oh mio Dio! Vuoi vedere che mi sono ricacciata in un altro brutto guaio?* Attese ancora un po' guardandolo come un detective che cerca indizi di colpevolezza. Jamil si accorse di quegli occhi sgranati su di lui, quindi le lanciò un velocissimo sguardo benevolo.

Finalmente lui smise di urlare e interruppe bruscamente la conversazione gettando il cellulare sul tavolo come se fosse rovente. Fece un respiro profondo e si sedette al tavolo accanto a lei. Si stropicciò gli occhi per un po' e poi scosse il capo come se volesse ripulirsi la memoria da quei discorsi che lo avevano infuriato. Lei restò in silenzio osservandolo. Lui era ancora talmente immerso nei suoi pensieri da non accorgersi di quel suo sguardo implorante. Rimasero vicini ma lontani mille miglia per un tempo che a lei sembrò un'eternità. Poi non riuscendo più a contenere l'ansia gli domandò: «Che ti succede? Con chi parlavi al telefono?», poggiandogli la mano sull'avambraccio.

Lui la guardò qualche attimo negli occhi, mentre continuava a tamburellare le dita della mano sul tavolo. Poco dopo, resosi conto di averla turbata, si avvicinò con la sedia a lei, si schiarì la voce, e finalmente parlò.

«Perdonami se ti ho spaventato, non volevo credimi. Il fatto è che mia madre mi...», balbettò «...mi fa uscire di senno con i suoi *soliti* discorsi».

Adelina non aveva mai amato la parola *mamma* come e quanto l'amò in quel momento. *Quindi era sua madre al telefono... meno male,* pensò tra sé, poi sospirò e ringraziò il cielo di non trovarsi di fronte al delinquente che aveva temuto.

«Soliti discorsi? Che discorsi?», gli chiese versandosi del tè nella tazza. Lui si alzò e riprese a camminare molto lentamente. Teneva le mani incrociate dietro la schiena e aveva l'espressione in viso di monaco zen che medita camminando.

«Hanan...», blaterò.

«Hanan? E cos'è? Cioè, volevo dire chi è Hanan?», domandò bloccandosi con la teiera a mezz'aria. Lui si sedette nuovamente. «Jamil, fidati di me, parlami ti prego», lo implorò lei mentre finiva di versare il tè nella sua tazza.

«Hanan è una ragazza del mio paese. Ed è la ragazza con cui mia mamma vorrebbe farmi sposare».

«Cosa?», deglutì fingendo indifferenza, mentre poggiava sul tavolo la teiera.

«Dalle nostre parti, si usa ancora combinare i matrimoni. Lo sapevi?».

Quelle parole la colpirono dritta al cuore.

«Ma son cose di mille anni fa», riuscì a dire, cercando di sorridere. *Ecco, ci mancava anche il promesso sposo di un'altra donna nella mia vita... Per la miseria Adelina, ma come fai a cacciarti sempre in situazioni cosi complicate?* Il suo umore era cambiato. Scese immediatamente un'ombra sui suoi occhi e un brivido le corse lungo la schiena. Poi rise e lo fece solo per celare pensieri ed emozioni che la stavano tormentando. Immaginarlo sposato a un'altra ragazza, le fece provare una fitta trama di sensazioni allo stomaco, che divenne agitazione e poi fuga impulsiva dal terrazzino. Era ormai certa. Era perdutamente innamorata di lui e l'idea che sposasse Hanar, o come cavolo si chiamava, la stava lacerando. Lui la rincorse fino alla porta. L'avvolse dai fianchi mentre lei lo implorava di lasciarla andare.

«Ti prego *habibi* – la chiamava così – amore mio, non andare via», le sussurrò all'orecchio stringendola forte al suo petto. «Fidati di me. Torna dentro, parliamone».

Una vocina in testa urlava *SOS Adelina, allarme rosso, pericolo, scappare, darsela a gambe, fuggire via subito.*

In pochi secondi si costrinse a fare una scelta. La fece. Rientrarono entrambi silenziosi. Si sedettero sul divano della stanza verde prato e lui senza preamboli e giri di parole arrivò al dunque.

«Sono nato a Kamila, un piccolo villaggio nei pressi di Merzouga. I miei genitori si sposarono molto giovani. Mia madre aveva solo quattordici anni e mio padre diciotto appena compiuti. Furono i miei nonni a combinare il matrimonio, senza che loro si conoscessero».

«Che *orrore* Jamil».

Lui annuì d'accordo con lei. Poi proseguì.

«La mia famiglia è una famiglia numerosa. Mio padre è un cammelliere, come lo è stato mio nonno e il mio bisnonno. Mia madre invece ricama tappeti berberi per poi venderli ai commercianti della zona. Infine ci sono i miei cinque fratelli, tutti impegnati nell'agricoltura, eccetto uno che vive in Libia e fa l'artigiano».

«E tu, di chi sei figlio?», gli chiese lanciando un'occhiata veloce ai comfort che aveva intorno. Lui le sorrise poggiandole dolcemente un dito sulle labbra.

«La mia grande fortuna si chiama Abdul Jaleel, un uomo saggio e caritatevole che a un certo punto della sua vita ha deciso che voleva privarsi dei suoi denari e andare a vivere nel deserto assieme alle persone a lui più care. Abdul mi ha sempre amato, come ha sempre amato il desiderio di avere un figlio tutto suo, ma per varie circostanze legate alla salute della moglie, il suo desiderio non si è mai realizzato».

Era sempre più misterioso, e adesso c'era pure un benefattore nella sua vita. Ascoltandolo con attenzione Adelina si rendeva conto di conoscere nulla, o quasi nulla, del ragazzo di cui si era perdutamente innamorata e che era addirittura un promesso sposo. Se sua madre avesse saputo l'un per cento di quel poco che lei sapeva già, si sarebbe fatta venire un infarto fulminante.

A un certo punto, lui cambiò tono. Divennero serie pure le sue labbra, quelle stesse labbra che abitualmente sorridevano.

«Adelina ascolta, tra poche settimane io dovrò tornare in...» lei non lo lasciò finire.

«Tornare in Marocco! Giusto? E magari sposare Hanan».

Lui abbassò lo sguardo sospirando anche per lei, poi le prese le mani e guardandola negli occhi le disse «*habibi*, è così. Mi dispiace. Ma ti assicuro che troverò un modo per *non* sposare Hanan, e tornare qui da te. Allah mi aiuterà».

A quelle parole, pronunciate con sentito tormento, lei non batté ciglio nello sforzo di trattenere le lacrime che salivano determinate a riempirle gli occhi. Si sentì mancare il respiro mentre lui le stringeva le mani sperando che comprendesse. Adelina avrebbe voluto fare qualsiasi cosa per non soffrire in quella maniera: gettarsi da una mongolfiera, finire su una navicella spaziale, salire sulle montagne russe più pazze del mondo, o scendere sott'acqua senza aver preso fiato. Qualsiasi cosa le sarebbe andata a genio, solo per non sentire quella fitta al cuore che la stava consumando attimo dopo attimo. Una era ormai certa: si era cacciata in un'altra difficile situazione. E ora? Un addio non era quello di cui aveva bisogno.

«Jamil...», gli sussurrò con un filo di voce rotta e la gola asciutta. «Ti amo tanto, non riesco a dirti altro in questo momento...», due lacrime apparvero sulle guance di lei. Non aveva alcuna possibilità di cambiare quella triste realtà dei fatti. Poteva solo sperare. Sperare che lui fosse stato sincero, e che sarebbe tornato da lei per restarle per sempre accanto.

Capitolo 17

Merzouga, cinque anni prima

Era un pomeriggio dei primi di settembre. Aveva da poco smesso di piovere, le strade del paesino alle porte del deserto erano inzuppate d'acqua. C'era freddo e malumore ovunque. I signori Hassan, futuri suoceri di Jamil si presentarono a casa Alamà, raggianti come se stessero andando alla fiera dei cammelli a vendere il migliore esemplare che avessero. In paese si diceva infatti che l'amicizia e la vicinanza di Jamil ad Abdul, suo padre putativo, gli avrebbe garantito un'eredità da sogno. Nessuno sapeva però che l'anziano signore si era già spogliato dei suoi averi e li aveva donati al ragazzo affinché potesse trasferirsi in Italia e studiare.

Comunque, per tutti, Jamil sarebbe stato il marito ideale di qualsiasi giovinetta. Non importava se il futuro sposo fosse buono o cattivo, bello oppure orrendo, contava solo la sua *potenziale* dote. Ma solo una di queste ebbe la preferenza di sua madre: Hanan. Lei era figlia di mercanti di spezie e tappeti. Hanan era l'ultima di sette figli, e la più bella dell'intero paese.

A quell'incontro di progetto di fidanzamento, erano tutti euforici. C'era chi cantava, chi mangiava, chi suonava e chi ballava. Tutti eccetto i futuri sposi. Loro si guardavano a malapena, e con sguardi furtivi si domandavano che volessero l'uno nella vita dell'altra. Hanan era ancora giovanissima. Mentre si discuteva dei dettagli del loro matrimonio e Jamil fingeva di essere d'accordo, lei giocava con i bambini, si rotolava a terra ridendo come se fosse al circo, e avesse sei anni.

Quando il padre la richiamava all'ordine, Hanan senza alcuna ragione rideva tenendo gli occhi bassi tormentandosi le mani. Poco tempo dopo quel giorno, per qualche misteriosa ragione, Hanan cambiò atteggiamento e prima che lui partisse per l'Italia si dichiarò, tramite la madre, perdutamente innamorata di lui, quindi pronta a sposarlo. A voler a tutti i costi quel matrimonio era soprattutto la madre di Jamil la quale, in combriccola con il padre della ragazza, pregava Allah affinché Jamil accettasse di sposarla prima della partenza. La ragione era molto semplice. La signora, con l'aiuto delle nuore e di altre giovani ragazze, produceva tappeti berberi, ed essendo i futuri consuoceri commercianti ed esportatori di tappeti lei si sarebbe assicurata affari d'oro per il resto dei suoi anni.

Il giorno della partenza per l'Italia, Jamil chiese di parlare con Hanan in privato. I genitori di lei accettarono. Si sedettero quindi soli e poco distanti dalla casa, davanti al pollaio, ma sotto lo sguardo severo del padre di Hanan e quello sorridente di Said, il padre di Jamil.

Quando lui l'ebbe vicino, guardandola attentamente, si accorse di quanto quella ragazzina scura dagli occhi profondi e buoni, fosse imbarazzata e ancora innocente. Poi, facendo attenzione a non sfiorarla nemmeno per sbaglio, le disse: «Hanan, ascoltami ti prego».

«Dimmi ti ascolto», rispose lei timidamente.

«Hanan, dobbiamo imparare a difendere le nostre scelte. Non dobbiamo sposarci solo perché la nostra famiglia ha deciso così. Sei ancora una bambina, crescendo comprenderai che esiste un sentimento meraviglioso che si chiama a-m-o-r-e. Solo se c'è quello due persone dovrebbero sposarsi. Sai?».

Hanan si contorceva le mani, era rossa in viso. Di tanto in tanto ammucchiava della sabbia formando delle piccole cime che, poi, spianava subito dopo e ridacchiava imbarazzata senza replicare. Jamil allora si rese conto che le sue parole erano come parole dette al vento, ma proseguì lo stesso sperando di sbagliarsi.

«Siamo troppo giovani per l'amore e soprattutto per il matrimonio. Un giorno mi sposerò, *Inshallah*... ma sarò io a scegliere la mia sposa e tu farai lo stesso, sceglierai il tuo futuro marito. Non sarà facile, ma dovrai tentare Hanan».

Si alzarono da terra, e prima di salutarsi Jamil le disse: «Hanan, non dire nulla ai nostri genitori di quello che ti ho appena detto. Hai capito? Non dire che io e te non ci sposeremo mai. Quando un giorno ti innamorerai, solo allora dirai loro che io non ti sposerò, che non ti amo. A quel punto loro pur di darti in sposa ancora giovane, ti lasceranno sposare chi desideri. Hai capito Hanan?».

«Sì, Jamil», gli rispose sghignazzando imbarazzata.

Hanan, nella sua ingenuità, purtroppo capì l'esatto contrario di ciò che Jamil le aveva detto e consigliato, e da quel momento rimase in attesa del suo ritorno.

Capitolo 18

Il *countdown* della partenza di Jamil da Genova segnava meno quindici giorni, ma Adelina ancora non lo sapeva. Era talmente addolorata da ciò che lui le aveva detto, che la parte più recondita di lei non voleva sapere nient'altro. Lo strazio di Adelina intanto *non* passò inosservato all'occhio attento di Tina. Una sera fece capolino dalla porta del bagno, mentre lei era sotto la doccia.

«Adelina, vita di mamma tua...». Lei quel tono lo conosceva benissimo, esattamente come il ritornello che stava per sentire per la milionesima volta.

«Hai preso i farmaci?».

«Sì mamma, puoi stare tranquilla. Ho preso sia le dieci gocce amare che la compressa. Per stasera dormi in pace. Okay?».

«Sai cos'è vita di mamma tua? C'è che da un po' di tempo ti vedo giù di umore e la cosa inizia a preoccupami. Non vorrei che... insomma sai...».

Di colpo si sentì chiudere il rubinetto dell'acqua, attaccare la cornetta alla parete e aprire il battente del box doccia. Adelina uscì come una furia, si buttò sulle spalle il telo di spugna e poi sbottò di brutto.

«Mamma smettila! Per la miseria può essere che qualsiasi cosa io dica, senta, faccia o pensi, per te, anzi per tutti, io sia sempre malata?».

Afferrò il phon e cominciò ad asciugarsi i capelli trattandoli come lana grezza da lavorare. Andò a testa in giù, poi si sollevò poi di nuovo in giù, lasciando che il vento caldo del phon portasse via le parole che

Tina continuava a blaterare seduta imperterrita sul water chiuso. Presto, anche i suoi riccioli si agitarono. Sembrava una leonessa pronta a divorare la preda molesta.

«Non credi che anch'io come te e il mondo intero, abbia il diritto di sentirmi felice o infelice, triste o allegra? Pensierosa o spensierata? Non ne posso più di queste insinuazioni. Mi fate vivere come se avessi tatuato in faccia; attenzione gente, è malata, state alla larga da lei».

«Adelina, sistemati quei capelli. Mi sembri una pazza», aggiunse avvicinandosi alla figlia.

«Mamma, non lo hai capito che non ti sopporto più?».

Adelina spense il *phon* e lo gettò sul lavandino con un gesto violento. «Esci dalla mia vita, esci da questo bagno, vai a farti benedire da uno dei tuoi preti, ma Cristo Santo lasciami in pace».

Tina incrociò le braccia sotto il seno e dopo aver schioccato la lingua e agitato il capo aggiunse: «Ecco vedi? Stai male. Lo sapevo! Domani chiamo il dottor Freni. Deve sapere che sei sul punto di impazzire e depressa».

«Mamma sei a dir poco riprovevole mi fai quasi pena, sai?».

Tina, a quel punto prese il *phon* dal lavandino, avvolse il filo intorno a esso arricciando le labbra, e poi le disse: «Sei una figlia ingrata, incapace di dare significato al bene che ti viene dato. Vergognati!», concluse poggiandole il phon sul petto con energia. Poi le voltò le spalle chiudendosi la porta alle spalle.

Furiosa con il mondo intero, con sua madre e con il bipolare, Adelina concepì la peggiore, la più infelice, la più pericolosa delle idee che potesse farsi venire in mente per ovviare al problema dire o non dire la verità a Jamil.

Smetterò di prendere i farmaci, mi butterò tutto alle spalle e Jamil non saprà mai nulla del mio disturbo. Il dottore non sarà d'accordo, ma non mi importa nulla. Farò ciò che ritengo giusto per me.

La mattina seguente diede quindi inizio al suo piano, mentre lui la raggiungeva in biblioteca per comunicarle la data esatta della sua partenza. Quella mattina però il direttore era un serpente a sonagli, non ammetteva distrazioni e rallentamenti nell'attività dei dipendenti. Jamil desistette, quindi rinviò ancora. Ritentò in altre situazioni, ma lei inconsciamente non voleva sentire altro di quella partenza, e quando lui tornava sull'argomento, gli tappava la bocca.

Qualche giorno dopo stavano passeggiando lungo il porto antico di Genova diretti alla cattedrale di San Lorenzo. In quelle ore in televisione e nei social network imperversava la notizia di un grave attentato terroristico avvenuto in Europa e rivendicato dall'Isis. A compierlo era stato un kamikaze di origine marocchina di trent'anni. Intorno all'ingresso principale della chiesa dove erano giunti chiacchierando serenamente mano nella mano, un piccolo gruppo di giovani esaltati provenienti da un corteo di destra, cominciò a inveire contro Jamil.

«Ehi musulmano... vattene dal tuo Allah. Dovete sparire tutti...», continuava a urlare uno di loro mentre si avvicinava. Non vi vogliamo qui!», gridava intanto un'altra voce del gruppo.

«Anevene au vostro paize figgi du diau!», concluse poi il primo. Jamil non reagì, limitandosi a scuotere il capo imbarazzato e addolorato. In quell'insalata di pesanti offese, Jamil cercò di portarla via. Adelina, però, sensibile com'era agli insulti si avvicinò al capo branco e senza pensarci su esplose contro l'uomo.

«L'unico uomo fango su questa terra sei tu... lurido ignorante. Chiunque tu sia sei solo un mostro. V-e-r-g-o-g-n-a. Mi fai schifo», gli urlò dritto in faccia con un tono che avrebbe mortificato anche una statua.

Il ragazzo però sembrò non cogliere i suoi insulti anzi continuò a deriderla dandole colpetti provocatori sulla spalla. Un palese atteggiamento di sfida anche verso Jamil, che intanto cercava di allontanarla da quella massa di nullafacenti che avevano solo voglia di fare a botte. Adelina si lasciò trascinare per un po' fino a quando qualcuno poco distante esclamò: «...solo perché sei una *pazza* puoi stare con quel *kamikaze.* Anzi, già che ci sei tornatene in manicomio e portati anche lui... *p-a-z-z-a*».

Adelina sentì di colpo il suo corpo divenire un pezzo di ghiaccio, la lingua paralizzarsi e il respiro bloccarsi. Come faceva quel tipo a sapere di lei e dei suoi ricoveri? Non era mica così famosa a Genova. Si voltò di scatto verso Jamil, per cercare di capire se avesse sentito. *Oh Dio mio no! In questa maniera no,* pensò in pochissimi attimi. *Dio mio fai in modo che Jamil non abbia capito.*

Lui però era talmente sconvolto e confuso, da non aver fatto caso al contenuto di quell'insulto diretto a lei. Prima che le cose sfociassero in altro di più sgradevole, si defilarono dignitosamente. Strada facendo lei a ogni passo li malediceva, lui pareva invece rassegnato.

«Di fronte all'ignoranza, l'intelligenza tace... Amore mio...», le disse stringendole forte la mano.

«Se lo dici tu Jamil... ma *non* sopporto che ti dicano quelle cattiverie. Non sopporto che ti insultino e che ti facciano sentire un criminale o peggio ancora un terrorista. Detesto la gente che ci giudica, ci condanna e ci fa sentire diversi. Non so cosa darei per tappargli quella maledettissima bocca», gli rispose esagitata.

Intense sensazioni di ingiustizia colmavano intanto i loro cuori. Cuori segnati dalle vessazioni, dall'imbarazzo e dalla costante ingiustizia che subivano.

«Torniamo a casa, dai. Per fortuna questo è un problema che tu *non* hai», sottolineò lui. *Come no! Ce l'ho eccome*. Pensò lei camminando a passo veloce.

Passo dopo passo, Adelina ripensava al tipo che le aveva urlato a squarciagola 'pazza'. Si sforzò di ricordarlo ma agitata com'era non riusciva a identificarlo. Camminarono in silenzio, mano nella mano, non avevano più voglia di dire o far altro. Giunti a casa sentirono un solo bisogno; rifugiarsi nel calore delle loro braccia. Si coccolarono immergendosi nella vasca da bagno. Niente musica, né parole. Solo silenzio e un buon incenso rivitalizzante acceso in bagno.

Un'ora dopo, ritrovata un po' di calma, Adelina si ricordò del tizio. Adesso ne era certa, sì era lui. Uno dei giardinieri dell'ospedale.

Jamil prese il suo *rebab* e cominciò a suonare. Adelina sentiva che era ancora molto triste e non sapeva cosa fare per risollevarlo da quelle macerie di insulti che gli erano piovuti addosso.

Capitolo 19

La mattina dopo Adelina si svegliò particolarmente inquieta. Non riusciva a stare ferma, e aveva enormi difficoltà a fare le cose più semplici, come rifarsi il letto, guidare l'auto o finire dei lavori in casa che aveva iniziato. Avvertiva una strana sensazione di vuoto, di tristezza e di silenzio interiore che cominciava a preoccuparla. *Per la miseria, stai tornando, vero? Ti prego stai lontano da me bipolare. Non farmi altro male. Non ora...*

Non aveva più voglia di lavorare, né di vedere gente o di leggere i suoi divertentissimi libri. Iniziò a mangiar meno e a dormire tanto. Chiese giorni di malattia dal lavoro, e rimase a letto a dormire per un giorno intero.

Il dottor Freni parlò senza riserve di una ricaduta con depressione. La terapia venne modificata ma sfortunatamente nei giorni seguenti non migliorò affatto. Adelina rifiutò categoricamente il ricovero. Dai lontani mari, nemmeno suo padre riuscì a convincerla, mentre Jamil sempre più preoccupato per la sua improvvisa 'scomparsa', chiedeva al telefono continue spiegazioni. Lei gli parlò prima di febbre alta, poi di influenza ostinata, poi di complicanze dell'influenza ostinata, e infine di un grave stato di anemia causato dalle continue e rigide diete a cui si sottoponeva.

Jamil insistette per rivederla: non voleva correre il rischio di partire senza averle parlato dei suoi piani. La supplicò. La implorò, e finalmente lei accettò. Si sarebbero visti il pomeriggio del giorno seguente davanti al cinema del centro.

Il pomeriggio del giorno successivo, si alzò dal letto per incontrarlo. A fatica riuscì a fare una doccia e a vestirsi con la prima cosa che trovò nel cassetto. Aveva i capelli pressati come se le fosse caduto sopra un litro d'olio. Schiacciati. Depressi anch'essi. L'impatto con la luce del pomeriggio la infastidì. Teneva gli occhi socchiusi dandosi della cretina per aver scordato gli occhiali da sole. Nonostante si fosse data un velo di fard sulle guance, in viso era cerea come una statuetta di porcellana. Avanzava con lo sguardo perso nel vuoto e l'andatura caracollante come quella di un'anziana donna, ormai stanca della vita. Anche camminare era diventato faticoso. Le sembrava di avere alle gambe delle catene di piombo massiccio. Parlare era diventato quasi un martirio. La lingua se la sentiva grossa e pesante, la bocca sempre asciutta. Le dava fastidio tutto; il sole cocente, la gente intorno, e il caldo. La depressione ormai si era impadronita della sua vita, l'avvolgeva giorno dopo giorno come un mostro nero, rubandole ciò che lei amava in assoluto: la sua voglia di vivere e di amare. Continuava ad arrancare affannosamente, percepiva la gente intorno a sé in maniera sfocata, le voci dei passanti le sembravano provenire dall'aldilà, cupe e tenebrose. Le girava la testa, si sentiva confusa, e respirava a fatica.

L'idea di andare al cinema le era sembrata buona, perché con la scusa che il film non le piaceva avrebbe potuto dormire. Ma da come si sentiva in quel momento, si era già pentita di aver accettato. Giunse finalmente nei pressi di piazza De Ferrari. A quell'ora pullulava di residenti e turisti impegnati a fare allegri *selfie*. All'improvviso, fu colta da un irrefrenabile bisogno di dormire. Si accasciò sul primo gradino che le capitò davanti e chiuse gli occhi, nonostante una vocina interiore le continuasse a dire di non dormire e di andare avanti. Eccolo, il bipolare si era letteralmente preso la sua vita ancora una volta, pizzicando Ione depressione e catapultandola stavolta nel buio totale e nel sonno. Lo sforzo che aveva compiuto fino a quel momento non le era servito a niente, il sonno depresso aveva avuto il sopravvento: determinazione, coraggio, e amore erano capitolati alla sua forza.

Pochissimi minuti dopo una piccola folla di curiosi si era già accalcata intorno a lei. Adelina non si era infatti riversata nel primo angolo anonimo della città, bensì all'interno dell'imponente fontana in bronzo di piazza De Ferrari, che allo scadere delle ore 17.45 cominciò a far danzare pacatamente una delicata pioggerellina d'acqua a effetto zen, il cui suono alimentò ulteriormente il suo sonno, anche quando l'acqua incominciò a coprirle le gambe. Sembrava morta. Per qualche misterioso motivo nessuno osò avvicinarsi e soccorrerla. Alcuni ragazzini postarono in tempo reale, sui social network, ciò che di spassoso e singolare il pomeriggio stava offrendo gratuitamente. Le sue foto in poche ore divennero virali. Un anziano signore dall'aspetto buono e altruista, invece, preoccupato per le sorti di quella povera ragazza ormai quasi sommersa dall'acqua, estrasse il suo cellulare dalla tasca e con le mani rinsecchite, pallide e tremanti per l'età, chiamò subito un'ambulanza.

Jamil stava percorrendo la strada verso il cinema, sognando già il momento in cui l'avrebbe riabbracciata. Quando giunse nei pressi della piazza corrugò la fronte incuriosito anch'egli da quel continuo vociare di persone accalcate attorno alla fontana. Sembrava che fosse appena atterrato Babbo Natale con la sua slitta. Avanzò verso la fontana, sgomitando un po' per riuscire a crearsi un varco tra la folla.

«Povera ragazza, sarà morta?», sentì...

«No, sarà ubriaca, o forse si è drogata e ora dorme beatamente», le rispose l'altra mentre allungava il collo per scorgere le ultime novità.

Intorno alla grande piazza si continuavano a sentire clacson suonare come impazziti, e automobilisti che rallentavano incuriositi da tanto schiamazzo. Quando la vide, si sentì come fulminato da quell'immagine terrificante che i suoi occhi gli rimandarono. Adelina era immobile con gli occhi chiusi e con la testa che le penzolava sulla spalla sinistra. Era completamente inzuppata d'acqua. Il caschetto riccio poggiava floscio e gocciolante sulla fronte. Indossava una maglia in cotone rosa confetto, che lasciava trasparire il colore bianco del suo reggiseno. L'acqua ormai l'aveva ricoperta fino allo stomaco. Jamil si fece spazio tra la gente e si avvicinò a pochi centimetri da lei per essere certo di aver visto bene. Poi però quando non ebbe più nessun dubbio, proprio nessuno, si catapultò su di lei per soccorrerla.

«Adelina, Adelina svegliati...», le urlò più volte. «Oh Allah, aiutami ti prego».

Provò a scuoterla con le mani dandole qualche colpetto deciso sulla guancia, ma niente da fare, lei non rispondeva, né tanto meno muoveva le palpebre. Da via XX Settembre, si sentì arrivare a sirene spiegate l'ambulanza, seguita dai vigili urbani. I sanitari portarono giù la barella rapidi come saette, mentre i vigili urbani si occuparono del motorino che alimentava la pioggia della fontana. Jamil continuava a scuoterla invano, la chiamava a voce alta affinché riaprisse gli occhi e tutto tornasse alla normalità.

«Cosa succede, dottore? Perché è svenuta? Perché non mi risponde? Perché!».

I medici non lo stettero nemmeno ad ascoltare, anzi fecero un cenno con la mano ai vigili urbani, per allontanarlo mentre si preparavano a intervenire.

«Spostati ragazzo, lasciaci fare il nostro lavoro», sbraitò l'uomo dinnanzi al suo incedere tremante.

«Giovanotto faccia come le è stato detto o dovremo arrestarla», gli intimarono i vigili, allontanandolo fisicamente. Jamil si arrese. Sollevarono il corpo di Adelina dall'acqua. Braccia e testa penzolavano come i lembi di un tessuto fradicio e pesante, sotto gli occhi lacrimanti di Jamil che continuava a chiamare il suo nome con la disperazione nell'anima e nel cuore.

La distesero sulla barella e la coprirono. Sottraendosi alle grinfie del vigile urbano, Jamil riuscì ad avvicinarsi a lei per pochi secondi.

«Allah ti proteggerà amore mio», le sussurrò piegandosi su di lei, carezzandole il viso. Pochi attimi dopo erano già tutti dentro e pronti per partire.

«Andiamo, presto!», urlò il medico all'autista dell'ambulanza.

«Dove la portate?», chiese Jamil con tono di supplica bloccando con entrambe le mani il portellone che stavano per chiudergli in faccia.

«All'ospedale Galliera», rispose sbrigativo il medico chiudendo lo sportello con foga.

Il suono delle sirene che si udì ancor prima che l'ambulanza si spostasse, gli rimbombava in testa come se quelle maledette sirene si fossero impiantate dentro le orecchie. Il cielo di Genova quel pomeriggio era azzurro e cristallino, ma per Jamil si era trasformato in un cielo tenebroso. Fulmini e saette si agitavano in lui confondendolo. A poco a poco, la folla di curiosi si disperse, e in piazza De Ferrari tornò il consueto andirivieni di turisti, residenti e artisti di strada. Il ragazzo, corse verso la fermata del bus più vicina, e acciuffò il primo che gli passò davanti. Sbagliò numero, tornò indietro e dopo un trambusto durato un'ora circa, giunse trafelato e ancora scosso in ospedale.

«Buon pomeriggio, mi chiamo Jamil Alamà». Prese fiato velocemente, poi continuò balbettando. «Vorrei notizie di Adelina Parodi, la mia ragazza. È stata portata qui circa un'ora fa», rivolgendosi alla signora della reception, cercando di darsi un contegno.

«Chi è lei scusi? Perché cerca mia figlia?», si sentì dire da una voce di donna alle sue spalle. Jamil si voltò. Tina lo vide e fece d'istinto un passo indietro. Spalancò la bocca aperta e si portò la mano sul petto come se non avesse mai visto un ragazzo di colore.

«Signora, sono...», le rispose lui con voce garbata ma tentennante, «Jamil, e sono il ragazzo... », offrendole la mano.

Tina capì subito e per questo motivo lo interruppe prima che lui potesse finire di presentarsi. «Ssshhh!», portandosi l'indice sul naso «stia zitto, e non aggiunga altro. Non mi interessa chi è lei per *mia* figlia. Se ne vada, sparisca giovanotto», gli urlò a perdifiato indicandogli la porta elettronica.

«La prego signora, sono molto preoccupato...».

«Preoccupato? Lei? Giovanotto, mi ascolti attentamente», lo afferrò da un braccio, e con la punta delle dita di una mano lo trascinò in un angolo più appartato. Proseguì.

«Lei non mi conosce, quindi non sa che sono una donna gentile e molto rispettosa della 'diversità'», lanciandogli un'occhiata indignata, «...perciò non mi costringa a dire cose che non vorrei dire. Adesso per il bene di tutti, se ne vada e chiudiamo qui il discorso».

«Non posso, mi dispiace. Ho bisogno di sapere», supplicandola con gli occhi.

«Glielo dico per l'ultima volta giovanotto. Se ne vada e non metta Adelina in imbarazzo con la sua presenza. La gente mormora, sa?», concluse mentre con un fazzolettino si copriva il naso.

Tina, mentre lui la pregava di poter restare, continuava a battere il piede sul pavimento minacciandolo con sguardi lampo e fulminanti. A causa delle urla isteriche che ne seguirono e che attirarono l'attenzione di tutte le persone intorno, Jamil dovette arrendersi e lasciare l'ospedale.

Capitolo 20

Dal Pronto Soccorso, qualche ora dopo Adelina fu trasferita in psichiatria. Dormì profondamente tutto il resto del pomeriggio, e la notte seguente. L'indomani mattina, poco dopo l'alba, aprì gli occhi svegliata dalle grida di un paziente. Si guardò intorno, ma stavolta non era né sorpresa, né tanto meno infuriata con il mondo esterno. Sapeva che se c'era una persona responsabile di quel ricovero, quella era lei. Rinsavita, il suo primo pensiero andò naturalmente a Jamil. Si domandò come avrebbe reagito alla notizia della sua malattia. L'avrebbe perdonata per non avergli detto nulla? Oppure l'avrebbe abbandonata in preda al panico?

"*Oh ti prego bipolare, ti scongiuro, ti supplico, ti imploro...*" scrisse nero su bianco in preda allo sconforto, "*...ora che sei ritornato nella mia vita, non togliermi il mio Jamil. Proprio adesso che ero felice e innamorata!!! Adesso che la mia vita era quasi perfetta! Perché? Perché di nuovo tu? Lo so, che stavolta è colpa mia, ma sono un essere umano anch'io, e posso sbagliare, o no? Il mio adorato Jamil, presto saprà di te, di noi due insomma e del nostro segreto. Come vuoi che reagisca? Abbracciandomi come se nulla fosse? Temo che gli farai tanta paura, e probabilmente ti vedrà come un mostro piantonato nella mia testa. Forse mi lascerà, se non lo ha già fatto. Oh bipolare ti prego! Sono disperata, facciamo un patto. Ti va? D'ora in avanti, prenderò i farmaci regolarmente, te lo giuro, mai più colpi di testa o sconti sulla terapia del dottor Freni, e tu in cambio andrai via, lontano da me lasciandomi gioire della vita e soprattutto del mio amore per Jamil. Vorrei tanto che questa logorante via*

Crucis che mi costringi a fare a piedi nudi su strade ricoperte da sassi appuntiti, finisse per sempre. Sono sfinita bipolare. Sono stanca. Sono avvilita. Rivoglio la mia vita. Non vorrei usare espressioni forti, ma devo proprio dirtelo: sei un mostro. Non ti accetto... Non lo farò mai. Non ti voglio nella mia testa, non ti voglio nel mio cuore e soprattutto nella mia anima che ti diverti a tormentare. Non mi interessi, non mi dai nulla eccetto che stancanti pene e dolori. Per favore bipolare lasciami in pace, lasciami vivere i miei sbagli, le mie giornate, le mie fantasie, le mie delusioni, ma soprattutto ti scongiuro, ti supplico, ti imploro,non portarti via il mio Jamil. Lui è tutto per me. Sento che è l'uomo che amerò per sempre. Jamil è il mio respiro e non lo voglio perdere. Lui mi ama, ha bisogno di me e io di lui. Per convincerti a lasciarmi in pace cos'altro posso dirti o fare? Non ho più parole, pensieri e azioni da offrirti... solo la promessa di nutrirti con i farmaci che il dottore mi darà."

La stessa mattina, alle otto e trenta, Jamil giunse in ospedale. Sembrava che in una sola notte fosse invecchiato di qualche mese. Aveva gli occhi gonfi, lucidi e l'espressione abbattuta. Chiese alla *receptionist* di poter parlare con il medico che aveva in cura Adelina, ma non riuscì a ottenere alcuna informazione non essendo un parente. Tornò il giorno seguente. Il detto: 'la persona giusta al momento giusto' si rivelò una gran verità per lui.

Uno dei medici del reparto, avvicinatosi al centralino per consegnare dei fogli alla receptionist, si accorse di lui, o meglio della sua disperazione, quindi gli chiese chi fosse e perché si trovasse lì, mentre si avviava verso il reparto.

«Mi chiamo Jamil Alamà e sono...».

«Ah, sei Jamil. So perfettamente chi sei ragazzo...», gli disse continuando la corsa.

«Lo sa? Come fa a sapere chi sono?», lo guardò stupito, cercando di mantenere il ritmo veloce del suo passo.

«Sono il dottor Freni, il medico di Adelina Parodi». Dal passo che tenevano i due sembrava che stessero correndo per un'urgenza. Voltando l'angolo del corridoio Jamil finì addosso a un infermiere. Si scusò velocemente con lui, perdendo però di vista il dottore. La corsa finì quando il dottore chiuse la porta alle sue spalle, e un piacevole silenzio cadde nell'ambulatorio in cui erano giunti.

«Accomodati», e gli indicò la sedia davanti la sua scrivania.

Un istante dopo, bussò ed entrò come una freccia un'infermiera del reparto. Una donna troppo grassa per quell'ambulatorio troppo piccolo. Questa, dopo avergli messo davanti una pila di cartelle cliniche da firmare, informò il dottore che il paziente della camera 222 era stato trovato in possesso di psicofarmaci non autorizzati e di sicura provenienza esterna.

«Vedi ragazzo, qui le cose vanno così. C'è chi dei farmaci ne abusa, e chi invece si fa degli sconti sulla terapia».

Lui non colse il senso della battuta mirata. Del resto come avrebbe potuto? Non sapeva nulla della malattia di lei, né tanto meno che Adelina li avesse sospesi. Annuì dunque sorridendo giusto per non sembrare una statua di bronzo, mentre con le mani sudate continuava a consumare i suoi *jeans*. Medico e infermiera rimasero a consultarsi ancora per un po', mentre in lui cresceva l'inquietudine di sapere come stesse Adelina e cosa le fosse capitato. Quando l'infermiera finì, prese il malloppo e andò via. Lui trasaliva a ogni minimo rumore, anche il meno percettibile.

«Non ti preoccupare ragazzo, capita a tutti di aver paura la prima volta. La psichiatria spaventa, è comprensibile, ma qui sei al sicuro».

«Psichiatria?», rispose lui spalancando gli occhi come se fosse finito per errore nel reparto sbagliato. «Psichiatria? Ma cosa ci fa in un reparto di psichiatria la mia ragazza? Che vuol dire?», chiese con lo sguardo terrorizzato.

Il dottor Freni capì allora che Jamil non sapeva ancora nulla del disturbo di Adelina, e che quindi aveva bisogno di essere rassicurato prima ancora di essere informato. Il dottore si alzò dalla sua poltrona, e dopo aver acceso un sigaro, si sedette dinnanzi a lui. Accavallò le gambe, e poi con voce rassicurante gli chiese: «Ragazzo, tu fumi?».

«No, cioè sì. Fumo il narghilè», gli rispose mentre una nuvola bianca di fumo annebbiava i loro volti.

«Ho sempre desiderato fumare il narghilè, sai? Magari un giorno mi inviterai a fumarlo con te. Che dici? Si può fare?».

«Certo dottore».

Jamil era un ragazzo sensibile, talvolta pavido, ma anche *molto* intelligente per non comprendere – anche se turbato – le ragioni di quei discorsi apparentemente fuori luogo. Qualche minuto dopo, i discorsi e la voce rassicurante del dottore lo avevano comunque calmato, e poterono parlare.

«Jamil caro, Adelina mi ha parlato tanto di te, e del vostro rapporto. Ma è arrivato il momento che tu sappia ciò che lei, non ha avuto il coraggio di dirti fino a oggi».

«Sappia cosa?», lo interruppe lui passandosi nervosamente una mano tra i capelli cortissimi.

«Che tu sappia, perché lei è qui in questo ospedale. In psichiatria, intendo dire».

Jamil, in quel momento aveva paura di tutto, di sapere, di sentire, e di capire. Inghiottiva saliva di continuo, e si contorceva le mani. Ma dopo aver chiesto aiuto ad Allah, invitò il dottore a proseguire, sospirando ansia da ogni poro della sua pelle. Mezz'ora dopo uscì dall'ambulatorio con le idee chiarissime trattenendo le lacrime. Non poteva credere che quella splendida ragazza, radiosa come il sole, allegra come una musica ritmata, sempre vivace e spiritosa, potesse improvvisamente trasformarsi in un grigio nuvolone di depressione a causa di una malattia chiamata Disturbo Bipolare. Mancavano solo sette giorni alla sua partenza. E adesso? Cosa poteva fare? Partire senza nemmeno averle parlato? Cosa avrebbe pensato di lui? Completamente sommerso dai dubbi, e avvilito sul da farsi, si recò alla moschea più vicina. Non poteva far altro che affidarsi ad Allah il misericordioso.

Capitolo 21

Adelina dormiva molte ore al giorno. Non aveva più la forza né di parlare, né di smettere di dormire. Il vuoto che l'avvolgeva sembrava riuscisse a infiltrarsi perfino nella sua anima. Era profondo e nero come il buio della notte. Il giorno dopo Jamil tornò in ospedale e chiese al dottor Freni di vederla.

«Certo che puoi Jamil, anche se temo che non riuscirà a risponderti», presagì mentre firmava alcune cartelle cliniche seduto alla scrivania del suo ambulatorio. Poi proseguì. «In questo momento la sua depressione la tiene sveglia giusto il tempo dei pasti principali e dell'igiene personale al mattino...», concluse alzando lo sguardo dalla pila di cartelle che stava firmando come fossero elementi di una catena di montaggio.

«Proverò lo stesso. Ho tanto bisogno di vederla», gli confidò alzandosi dalla sedia.

Percorsero insieme un corridoio largo e lungo fino alla stanza in cui alloggiava Adelina.

«Coraggio ragazzo, non mollare. Tu sei la sua forza».

«Lo spero tanto. Grazie di tutto dottore», gli disse portandosi la mano al cuore, prima di aprire la porta.

Il dottore gli offrì un sorriso incoraggiante e dopo avergli dato un'affettuosa pacca sul braccio, si defilò incrociando le mani dietro la schiena.

Jamil entrò in una grande stanza immersa nel silenzio, chiudendosi la porta alle spalle. La luce del mattino filtrava dalle griglie delle finestre lasciando che il sole la illuminasse. C'era dappertutto ordine. Senza fare rumore si accostò al letto. Adelina dormiva profondamente, teneva il viso flesso da un lato. Un lenzuolo bianco la copriva fino al collo. Aveva un'espressione mesta, ma da come muoveva le palpebre sembrava che stesse sognando qualcosa. Jamil si chinò su di lei per baciarle la fronte. Poi le sfiorò a lungo le labbra, chiudendo gli occhi commosso su quel momento tanto atteso e desiderato. Rimasero guancia a guancia per un po' mentre lui si cullava del suono del suo respiro. Di lei non aveva altro che quello in quel momento. Trasse un sospiro carico di sofferenza e provò a chiamarla più volte, ma non ebbe successo. All'improvviso, mentre lui pregava Allah affinché aiutasse Adelina, lei farfugliò qualcosa.

«Jam... Jamil...», con voce rotta, tenendo gli occhi chiusi.

«Sono qui *habibi*... sono qui con te...», incalzò lui carezzandole i riccioli mentre emozionato guardava fisso nei suoi occhi chiusi.

In quello stesso momento la porta della stanza si aprì sbattendo. Un istante dopo Jamil vide catapultarsi dentro una ragazza alta, magra e vestita interamente di nero. Portava occhiali da sole, e aveva un grande *pearcing* a cerchio sulle narici. Masticava rumorosamente una *chewing gum*, evidenziando labbra appariscenti dipinte di nero. Jamil saltò dal letto come una molla per avvicinarsi a lei e chiederle di non strillare in quella maniera. La giovane, però, nonostante le sue raccomandazioni, cominciò il suo show gettandosi sul letto vuoto mentre intonava a squarciagola la canzone: *Like a Virgin* di Madonna, assumendo le stesse movenze della *pop star* al concerto. Jamil si arrese e tornò da Adelina.

Intanto abbondanti lacrime silenziose stavano scendendo sul viso di Adelina. Delle bizzarrie dei pazienti lei era avvezza e talvolta le aveva trovate anche spassose. Ma Jamil? Lui come avrebbe reagito a tanta stravaganza?

Era depressa, ma perfettamente in grado di comprendere ciò che stava accadendo intorno a lei.

«Perdonami se puoi...», gli disse con un filo di voce quando lo sentì di nuovo vicino a lei.

«E di cosa dovrei perdonarti, *habibi*?», replicò lui trattenendo le lacrime.

«Per tutto questo e tanto altro!», gli sussurrò riuscendo ad aprire gli occhi per qualche secondo.

La consapevolezza che Jamil la stesse vedendo in quelle condizioni disperate, e soprattutto in quel luogo, le strinse la gola. Adelina avrebbe voluto avere la forza di tenere gli occhi aperti, alzarsi da quel letto e scappare via con lui. Ma una forza sovrumana glielo impediva. Si sentiva come una piccola lumaca in letargo, chiusa nel suo guscio e costretta a dormire controvoglia.

In uno dei suoi tanti diari Adelina aveva scritto a tal proposito: "Il bipolare è come un alieno che si è infilato nella mia vita. Un mostro che si nasconde in me ed esce come un fungo, con la faccia sorridente oppure depressa". E ancora. "Il bipolare è un'altalena che però non mi fa divertire. Vorrei rinascere soltanto bipolare euforica perché quando sono bipolare depressa piango e sto al buio senza un briciolo di forza. Il bipolare è come un ladro... mi rapisce e mi sequestra nel buio o nella luce. Il bipolare mi fa sentire felice mentre mia mamma piange guardandomi".

«Non piangere, ti prego. Vedrai, riusciremo a cavarcela», le sussurrò lui carezzandole i capelli. «Ti amo *habibi*... Io amo tutto di te. Non scordarlo mai», concluse asciugandosi gli occhi con il dorso della mano.

Alcuni istanti dopo entrò in camera un'infermiera e invitò la paziente-cantante e Jamil a uscire dalla stanza.

Capitolo 22

Quando un paio di giorni dopo Adelina cominciò a ridestarsi dal suo torpore, chiese subito di parlare con il dottor Freni. Di lui si fidava, e lo considerava il suo angelo sulla terra.

«Dottore, Jamil è stato qui? La prego mi dica la verità. Non ricordo quasi nulla, ma ho come la sensazione di averlo visto e sentito. O forse l'ho sognato?», chiese portandosi una mano al petto e sgranando gli occhi su di lui per ascoltare la sentenza. Il dottor Freni la osservava in silenzio.

«Quindi?», aggiunse seduta sul suo letto con le gambe raccolte tra le braccia tremando con l'espressione terrorizzata di chi temeva il peggio.

Il dottore la invitò a fare una passeggiata in giardino. Sapeva che la sua paziente amava camminare e inoltre l'avrebbe aiutata a scaricare un po' di quella tensione che la stava per soffocare. Avanzarono per un po' lentamente. Intorno c'era ancora il silenzio del mattino quando tutti i pazienti dormivano.

«Dottore, la prego parli, ho bisogno di sapere», lo implorò voltandosi verso di lui. Sembrava che il dottore fosse entrato in uno stato di meditazione trascendentale. Aveva lo sguardo perso nel vuoto e l'espressione beata di un monaco buddista in camice bianco. Sorrideva a labbra strette con le mani giunte sopra la sua prominente pancetta. Non si poteva dire che fosse un uomo attraente, ma per la sua bontà d'animo e per la sua voce calda e rassicurante i pazienti lo adoravano.

«Dottore, mi ascolta?», lui si voltò verso di lei, scosse il capo e tornò alla realtà. *Finalmente.* Pensò lei. Si sedettero su una panchina in legno.

«Adelina cara, quel giovanotto è un po' confuso. Gli sono piovute addosso troppe novità, ma ti ama stai serena». Dopo aver fatto una smorfia di dolore, il dottore si alzò dalla panchina troppo rigida, e come un vecchio indolenzito riprese a camminare lento e rilassato. Lei lo seguì. «Comunque devi dargli tempo Adelina, è sottosopra emotivamente».

«Perché mi sta dicendo questo?», gli chiese agitando le mani come se si stesse facendo asciugare lo smalto.

«Calma, calmati Adelina», la esortò lui afferrandole le mani gelide. Poi riprese a camminare e proseguì. «Sì, sì, Adelina, in questi giorni è passato a trovarti». Lei deglutì bloccandosi un passo dietro a lui. Poi riprese il passo veloce e lo raggiunse.

«Dottore scusi questo significa che... che non ho sognato?», gli chiese fissando le sue labbra.

«Sì, esattamente. È tutto reale. È stato qui, ti ha parlato e dopo ha anche pregato Allah per te, tenendoti per mano. Cosi mi hanno riferito gli infermieri che lo hanno visto», la rassicurò offrendole un sorriso.

«E io?».

Il dottore raccolse da terra una foglia dai contorni particolarmente strani. Si fermò a osservarla in ogni sua sfumatura, mentre Adelina attendeva impaziente che le rispondesse.

«Jamil mi ha detto che gli hai sussurrato il suo nome, hai pianto e gli hai pure chiesto perdono», le rivelò restituendo la foglia a madre natura. Adelina pianse di gioia. Rimase in silenzio immobile. Forse stavolta il suo disturbo non aveva vinto sull'amore come lei aveva temuto per tanto tempo. Ma per esserne certa doveva incontrarlo e guardare i suoi occhi.

La mattina dopo si svegliò molto presto. Chiamò l'infermiere di turno per chiedergli due cortesie. Di rimuoverle l'ago cannula dalla mano e aprire la finestra della sua stanza. Desiderava far cambiare l'aria, ma soprattutto desiderava che in quella stanza grigia entrasse un po' di sole prima che Jamil arrivasse. Poi riordinò velocemente il letto, premette play nel lettore cd collocato a parete, e fece partire una piacevole musica zen, utilizzata in reparto per conciliare il sonno dei pazienti, soprattutto nelle ore serali. Andò in bagno per cercare di rendersi presentabile. Diede volume ai suoi riccioli mosci, poi con le dita delle mani si sfregò le guance per darsi un po' di colore e utilizzò del sapone liquido per profumarsi il corpo. *A mali estremi, estremi rimedi,* pensò emozionata come a un primo appuntamento.

Si sedette sul letto e aspettò che lui arrivasse. Le tremavano le labbra e aveva la bocca già secca per l'emozione.

Dopo aver bevuto un sorso d'acqua, si diresse verso la porta per aprirla un po'. Lì vi trovò lui. Era fermo, sorridente e con un bel palloncino verde bosco in mano con scritto: '*habibi*' da un lato e 'wa hashteny' mi manchi, dall'altro. Le sembrò ancora più bello di come lo ricordasse. Sorrise anche lei, e per qualche secondo non seppe più se guardare gli occhi di lui oppure quel palloncino che le dichiarava amore svolazzando davanti ai suoi occhi.

«*Habibi,* non mi abbracci?».

«Jamil, amore mio», rispose lei abbandonando la maniglia della porta che aveva stretto talmente tanto, da lasciarci le sue impronte per sempre. Si abbracciarono a lungo sussurrandosi parole d'amore che non si erano mai detti.

«Mi hai fatto prendere un brutto spavento. Birichina», le disse lui sfiorandole il naso con il suo.

«Mi dispiace, non volevo», abbassò gli occhi imbarazzata. «Entra, sediamoci».

Lei chiuse la porta, e dopo un altro sentito e lungo abbraccio, si sedettero sul letto l'uno accanto all'altra. Intanto il palloncino continuava a svolazzare portando una ventata di allegria in quella stanza. Sospirarono all'unisono e rivolgendo lo sguardo al palloncino, sorrisero come se fossero al *luna park* e lo avessero appena vinto.

«Quando lo pizzicherai», sdrammatizzò lui «ti cadrà addosso una pioggia di dolcezza».

«In che senso?», chiese lei asciugandosi con la mano una lacrima di gioia.

«Ho fatto mettere dentro tantissimi *marshmallow* per te... insomma quelle cose molli, che io detesto, ma che tu ami... più di me», replicò lui.

«Sei la mia vita, Jamil», poi calò il silenzio tra di loro pieno di domande.

«Adelina, perché?».

«Avevo paura di perderti, che mi considerassi matta... tutti lo fanno», rispose lei a occhi chiusi, con la guancia posata sul palloncino come se fosse un cuscino. Lui le prese le mani e il palloncino filò dritto sul soffitto bianco.

«Guardami, amore mio. Apri gli occhi, ti prego», le sussurrò asciugandole con piccoli baci le lacrime che scendevano sulle sue guance.

«Non ci riesco io ho, ho paura di...», balbettò lei voltandosi dall'altra parte. In quel momento Adelina aveva una sola grande paura. Vedere nei suoi occhi quell'espressione di pena e pietà che le procurava *più* dolore e disperazione della stessa malattia.

«Non avere paura di me. Io sono e sarò l'amore tuo».

Quelle parole entrarono dritte nel cuore di lei e come neve al sole sciolsero molti dei suoi timori. Riaprì quindi gli occhi, e poi prese finalmente a parlare.

«Il mio disturbo, di cui ti ha parlato il dottor Freni, purtroppo non mi dà pace Jamil. Anche se sto bene, lui è sempre in agguato, soprattutto se non prendo i farmaci». Riuscì a dire solo queste poche parole, peraltro interrotte da un continuo deglutire nervoso che la costrinsero ad alzarsi a prendere un bicchiere d'acqua.

«Assumo psicofarmaci da due anni, cioè da quando mi è stato diagnosticato per la prima volta», continuò riprendendo il suo posto accanto a lui. «I medici allora dissero che avrei dovuto convivere con un umore a pendolo, a bilancia, ad altalena, insomma tutti eufemismi per dire che avrei dovuto convivere con l'alternanza di umore: alto, basso, oppure al contrario basso e poi alto».

Bevve un altro sorso d'acqua per inumidirsi la bocca, mentre lui l'ascoltava annuendo di tanto in tanto. Non la interruppe. Non sembrava né sbalordito, né tanto meno scosso. Era stato edotto dal dottor Freni, ma sentiva che per lei parlargli era più importante di quell'insignificante dettaglio.

«Le malattie dell'umore», proseguì lei, «purtroppo sono 'migliorabili' ma non guaribili del tutto».

Lui le prese la mano e la strinse alla sua. Voleva farle sentire il suo amore.

«Non te ne ho mai parlato perché...», si arrestò come se avesse paura di proseguire. Abbandonò sul letto il bicchiere di plastica che teneva con l'altra mano e lo abbracciò forte alla ricerca di coraggio.

«Avevo paura che mi lasciassi, che mi credessi una pazza e...», balbettò «e che ti spaventassi di me, di lui insomma...».

Contrariamente ai suoi timori l'espressione di Jamil rivelava però soltanto comprensione e amore.

«No *habibi*! Non potrei mai considerarti una pazza. Non mi permetterei mai di giudicarti. Ma d'ora in avanti non mentirmi più. Okay? La menzogna è una malattia, e la verità è una cura», le disse parafrasando un proverbio della tradizione araba. «Dobbiamo crescere cercando di essere l'uno la forza dell'altra e non il terrore reciproco. Lasciamo pure agli altri la cattiveria di giudicarci. Ci amiamo. Conta soltanto questo».

Jamil si rese conto che *anche* la sua Adelina come lui, viveva il dramma della discriminazione. Anche lei era vittima di ciò che da millenni chiamano pregiudizio, stigma e tabù. Entrambi vittime di una società che giudica e condanna senza appello chi per qualche ragione è identificato come "diverso". Lei stava male e la sua ferita bruciava lasciandolo senza parole.

«Abbracciami, *habibi*, ho tanto bisogno di sentirti mia», le confessò.

L'incubo di Adelina era giunto all'epilogo. Lui l'amava con o senza malattia e questo per lei era più importante di qualsiasi altra cosa. Perché – lei diceva – l'amore, quello puro non conosce diversità alcuna. L'amore è accettare le grazie e le disgrazie dell'altro. Le gioie e i dolori. I pregi e i difetti.

Capitolo 23

Era giunto il momento di comunicarle la data della sua partenza. Jamil non sapeva ancora quali parole avrebbe usato per renderle il momento meno doloroso possibile.

«Adelina, devo parlarti», esordì mentre lei finiva di soffiarsi il naso e asciugarsi gli occhi. Bussarono alla porta e un'infermiera del reparto si catapultò dentro interrompendolo.

«L'orario di visita sta per finire piccioncini», sottolineò sollevandosi sulle punte dei piedi per chiudere la finestra che dava sul giardino interno all'ospedale.

«*Habibi*, devo dirti una cosa importantissima».

«Coraggio Jamil, ma non dirmi cose tristi ti prego», gli rispose mentre s'infilava la vestaglietta per accompagnarlo all'uscita. Lui si schiarì la voce e poi si lanciò.

«Adelina, fra due giorni lascio l'Italia. Torno a Merzouga. Non posso più restare».

«Due giorni?», replicò lei spalancando la bocca come se le avesse detto che presto sarebbe morto stecchito. «Cosa? Puoi ripete scusa?», gli domandò con le mani in testa.

«Torno in Marocco, dalla mia famiglia, ma...».

«Ma, ma cosa», balbettò incredula abbassando le mani lungo i fianchi, fissandolo. «Perché, perché, me lo dici solo adesso?», balbettò.

Stava per avere un mancamento, lui l'afferrò in tempo per un braccio e l'accompagnò a letto. Sedette al suo fianco, e cercò di spiegarle come meglio poteva la situazione in cui lui era incastrato.

Intanto in ospedale era arrivata Tina. Dalla reception le dissero che la figlia, aveva in corso una visita autorizzata e la invitarono ad accomodarsi in sala d'attesa. Intuendo chi potesse essere, ed eludendo i controlli del personale, Tina si diresse in reparto con l'aria di chi non era disposta a sopportare oltre.

«Ci ho provato a dirtelo molte volte, e tu me lo hai impedito. Ma poi...», Jamil, fece una pausa, «poi anch'io ho avuto paura di perderti... insomma di farti male e quando ero lì deciso a parlarti le cose sono precipitate con questo inaspettato ricovero».

«Lei? Lei ancora qui?», urlò Tina entrando come un onda di tsunami nella stanza sbattendo con violenza la porta. Jamil si alzò di scatto e Adelina fece lo stesso.

«Giovanotto, forse non sono stata chiara», gli disse con voce minacciosa puntandogli l'indice davanti al naso. «Purtroppo non parlo la sua lingua, ma sono certa che potremo capirci lo stesso. Per l'ultima volta. Lasci tranquilla mia figlia e sparisca subito». Indicandogli la porta. Mi ha capita?».

Mentre Tina dava il peggio di sé Adelina poggiò una mano sulla spalla di Jamil per scusarsi e chiedergli di pazientare.

«Mamma, calmati!», Adelina esaurì prestissimo la sua pazienza e le abbassò con forza il dito che teneva puntato verso la porta.

«Stai zitta, vita di mamma tua. Non sai cosa fai in questo momento, ma a lui ci penso io. Torna subito a letto e riposati che è meglio per tutti», esclamò tambureIlando il pavimento con un piede e lo sguardo torvo su Jamil.

«Ti sbagli. So esattamente cosa sto facendo mamma», poi sperando che distogliesse lo sguardo dall'incriminato, le disse: «Mamma, guardami ti prego!». Provò con un tono più mite. «Io e Jamil, ci amiamo. Accettalo ti scongiuro...», intrecciando le mani a preghiera.

Jamil era rimasto immobile e silenzioso davanti a Tina che continuava ad andare avanti e indietro con le mani in testa farfugliando qualcosa come: «che faccio, che faccio... Oh mio Dio, aiutami tu, che faccio con questa disgrazia annunciata...».

Poi aprì la porta e urlò a squarciagola nel corridoio.

«Un infermiere alla 226 presto, presto». Quindi rientrò e proseguì. «Adelina, tu sei malata, non sai ciò che dici. La tua testa è confusa in questo momento. Hai bisogno di riposo non di ricevere certe visite», ribadì alzando la voce dinnanzi a loro due che si tenevano per mano.

Ecco, l'aveva detto ancora e stavolta davanti al ragazzo che lei amava. Ancora una volta colei che avrebbe dovuto accudirla e proteggerla dal mondo esterno, l'aveva etichettata con quel maledetto oggettivo: malata.

«No mamma, ti sbagli, io non sono malata, né confusa!», replicò in tono duro.

«Ah, non sei malata? E cosa sei, scusa?», chiese incrociando le braccia sotto il seno con aria di sfida.

«Sono innamorata di Jamil!», le gridò in faccia.

Tina a qual punto afferrò le loro mani unite e li separò con veemenza.

«Adesso basta!».

Madre e figlia si guardarono come se si stessero mordendo con gli occhi. Ansimavano entrambe di rabbia. Chi delle due avrebbe sferrato il colpo successivo?

Entrò l'infermiere di corsa. Tina gli impedì di fiatare.

«Dica al medico che mia figlia sta molto male, deve visitarla subito. Corra, corra giovanotto non stia lì imbambolato come un tonto».

Jamil non poté più esimersi, e al diavolo la natura mite. In fondo il troppo è troppo. Inveì su Tina.

«Signora la smetta di parlare così a sua figlia, le sta facendo male. Come può una madre dire certe cose? Lei essere ingiusta». L'emozione del momento gli fece addirittura sbagliare il verbo.

«Io essere ingiusta?», ripeté lei con tono sprezzante. «Ragazzo impari a parlare l'italiano prima di rivolgersi a me, ha capito?».

Adelina, gli fece cenno di tacere. Tanto qualsiasi cosa lui avesse detto in sua difesa, lei gli si sarebbe scaraventata addosso con frasi e parole incandescenti che lo avrebbero incenerito nel tempo di uno schiocco di dita, ferito, umiliato ed affondato.

«Signora... pos...».

«Sta' zitto, e tu torna a letto».

«Esci di qui mamma, subito», le ordinò con tono bieco ponendosi davanti alla porta. Lei ignorò la richiesta della figlia e rimase ferma a mani conserte con la borsa che le pendeva lateralmente da una spalla.

«Questa gente...», alzando il mento rinsecchito su Jamil, «porta nel nostro paese soltanto guai. Sei una stupida a non rendertene conto Adelina».

«Non ti permetto di parlare così del mio ragazzo. Basta!», si avvicinò a lei, l'afferrò per un braccio e la trascinò verso la porta con tutta la forza che aveva. Ebbe molta paura di quel suo gesto. Se Tina avesse cominciato a urlare, lei sarebbe rimasta in quel reparto per chissà ancora quanto tempo. Ma Tina, stranamente, si lasciò trascinare per qualche passo.

«Vi prego, vi prego! Smettetela!», le supplicò lui, alzando le mani in aria. Adelina capì immediatamente quello che lui stava per fare. Lo conosceva ormai benissimo, ma sperava di sbagliarsi. Jamil si fece spazio fra loro dividendole poi senza aggiungere altro, andò via.

«Vedi? Avevo ragione. È solo un insignificante extracomunitario».

«Mamma, vattene o giuro che non rispondo più di me stavolta», le urlò incurante di vedere un medico entrare in quella stanza con una fiala in mano.

«Adelina io vado via, ma che sia chiaro. Se dovessi rivedere ancora quel morto di fame, io non ti vorrò più a casa. Dovrai fare una scelta o lui o la tua famiglia. Pensaci bene e buona giornata, vita di mamma tua».

Capitolo 24

Rimasta sola, si raggomitolò in un angolo della stanza, con le ginocchia contro il petto e il viso nascosto tra di esse. Meditò di inseguire Jamil, ma le porte erano state già chiuse. Non poteva far nulla, tranne sperare che lui tornasse indietro e le dicesse che non sarebbe più partito. La stessa sera prese carta e penna e liberò il suo cuore.

Jamil, amore mio,

questa notte non vuole decidersi a passare. Sembra volermi straziare il sonno e il cuore senza alcuna pietà. Un cuore, il mio, tristemente condannato al dubbio più doloroso. Che ne sarà di noi? Ti rivedrò o resterai soltanto un bel ricordo destinato a condannarmi l'anima per il resto dei miei anni? Dalla finestra della mia stanza, vedo in lontananza uno splendido cielo blu ricoperto di stelle che sembrano piccoli brillanti. Magari potessero – almeno loro – rispondere alla mia dilaniante domanda: Tornerai da me? Sì. No. Forse. Purtroppo le stelle possono solo confortarmi ricordandomi che in questo momento stanno illuminando lo stesso cielo in cui viviamo entrambi. Ma fino a quando sarà così? Fino a quando potrò sperare di riabbracciarti? Fino a quando non morirò d'amore? Intorno a me e nel mio cuore c'è tanto silenzio, un silenzio che vorrebbe urlare, correre e raggiungerti ovunque sei o andrai. Dal giardino di questo ospedale, si sentono alcuni gatti in amore che alzano in cielo i loro strazianti lamenti, oh quanto vorrei unirmi a loro per farti giungere il mio grido d'amore. Jamil mio adorato, non so cosa darei per sentire in questo momento il profumo delicato della tua pelle e la tua voce carezzevole. Pagherei pur di sentire le tue braccia avvolgermi, e il tuo respiro confondersi con il mio. Mi manca tutto di te. Di noi. Non riesco più a immaginare la mia vita senza te. Sarebbe vuota, senza musica, né odori né sapori. Stasera, mi sto riscoprendo un po' poetessa, e questo mi fa pensare che tu sei poesia Jamil: la mia poesia. Torna da me. Ti prego!

La mattina seguente, Adelina si svegliò di buon'ora. Aveva dormito poco e male. Il colorito cereo delle sue guance ricordava quello di una geisha alla quale avevano applicato generose quantità di polvere di riso. Con gli occhi ancora impastati di sonno, si diresse in bagno. Sperava che una doccia fresca potesse darle la giusta energia per affrontare quella giornata già carica di nostalgia e malinconia. Guardandosi allo specchio vide che il suo caschetto era moscio. Parlava di struggimento, amarezza e voglia di scappare da quel luogo di sofferenza. *Forza e coraggio, sempre e comunque Adelina* pensò prima di fiondarsi sotto la doccia. Chiuse gli occhi per almeno quindici minuti. Le lacrime sgorgavano copiose confondendosi con l'acqua tiepida, che scorreva lenta sul suo corpo senza darle alcun conforto.

Alle nove circa, una delicata voce in filodiffusione invitò i pazienti a recarsi in sala gruppi per l'incontro con gli psicologi. Il tema del giorno era: *'Lo stigma della malattia mentale in famiglia e nella società contemporanea. Riflessioni e vissuti'*.

Conosceva benissimo quel tema, avrebbe potuto lei stessa condurre il gruppo. Dopo qualche esitazione, decise comunque di parteciparvi.

Durante la seduta ciascun paziente dichiarò di essere stato definito – almeno una volta nella vita – fuori di testa, infermo, deviato mentale, squilibrato, o nella peggiore delle ipotesi pazzo e matto. Tutti – almeno una volta nella vita – erano stati guardati con la stessa pietà con cui si guarda un cigno morente, ascoltati come un condannato senza appello, oltraggiati come un'anima molesta, vessati come un ebreo di Auschwitz, emarginati come degli infetti, derisi come il Pierino delle barzellette, abbandonati come catorci inutili, sopportati come il mal di testa, e graditi quanto la nausea. Tutti, nessuno escluso, erano stati vittime degli stigmatori – così li denominò lei.

Grazie alle numerose testimonianze dei partecipanti al gruppo, Adelina quella mattina ebbe la conferma, che il suo più grande male non era il bipolare in sé per sé, ma qualcosa di più strisciante e infido. Era lo stigma della malattia mentale, che le pendeva sulla testa come la spada di Damocle. Un avvilente marchio che come un tatuaggio non riusciva a cacciar via. Era impresso nella sua esistenza come nella sua anima, pesandole come un macigno. Raccontò al gruppo gli episodi più salienti della sua vita. Confessò che lo stigma le aveva tolto tutto o quasi: identità, emozioni, libertà di pensare, di innamorarsi, di parlare o di tacere. Le aveva rubato soprattutto la sua inguaribile spontaneità, l'allegria e la creatività di cui era stata dotata fin dall'infanzia, oltre che il suo mitico coraggio di osare.

«A poco a poco persi quasi tutti gli amici che avevo, e con loro la speranza di farmene di nuovi. Mi chiamavano 'la matta del secondo piano...' e una matta deve stare con i matti. Una matta non può ridere, piangere o sognare una vita a fiori gialli e rossi. No! Non può, perché qualunque cosa faccia o dica è matta! Punto! Forse è per questo che la notte sognavo di gridare al mondo: non chiamatemi matta».

La prima della sua lista degli stigmatori era paradossalmente sua madre. Per lei, tutto ciò che riguardava sua figlia era malattia.

Mangiare una merendina in più? Malattia.

Mangiarne una in meno? Malattia.

Cantare sotto la doccia? Malattia.

Non cantare sotto la doccia? Malattia.

Guardare attentamente un ciglio allo specchio? Malattia.

Fregarsene del ciglio? Malattia.

Dormire un'ora di più? Malattia.

Dormire un'ora di meno? Malattia.

Arrabbiarsi con il fratellino? Malattia.

Essere innamorata? Malattia.

Piangere al cinema, dinanzi a una scena commovente? Malattia.

Disordine in camera? Malattia.

Ascoltare Jovanotti ad alto volume? Malattia.

Non ascoltarlo? Malattia.

Che tristezza, questa nostra società pensò per tutto il resto della giornata. *Per la gente comune il malato di mente continua a essere il pazzo da legare, da compatire e da emarginare. Non è giusto.*

Tra una cosa e l'altra, Adelina aveva inoltre cercato invano di rintracciare telefonicamente Jamil, usando il cellulare di una paziente che, violando il regolamento dell'ospedale, lo teneva nascosto sotto il materasso. Era già buio e il suo vassoio con la cena era rimasto sul tavolo. Adelina sospirava davanti la televisione, ormai mancavano tre giorni alla sua dimissione, e solo due alla partenza di Jamil. L'ansia cresceva a dismisura come edera, e la paura di non rivederlo più la strozzava in gola. Quella sera in reparto c'era un insolito silenzio.

Forse tutti i pazienti già dormivano, oppure erano chiusi nelle loro stanze a farfugliare frasi senza senso con le voci che sentivano in testa. Per allentare un po' la tensione provò a leggere, scrivere, fare le parole crociate, sfogliare una rivista, sistemare la sua roba nell'armadio, fare e disfare il letto, ma il sonno non arrivava lo stesso. Anche quella sera Morfeo aveva deciso di esasperarla, di sfidarla e sfinirla. Si infilò la vestaglietta e uscì dalla stanza. Vagò per un po' lungo il corridoio. La sua ombra, prodotta dal gioco di luci delle applique, era inquietante e decise di tornare in camera. Ormai era vicinissima alla sua stanza, quando si sentì chiamare da qualcuno alle spalle. Guardò verso l'alto sperando che non si trattasse del solito paziente che le chiedeva soldi e sigarette. La voce alle spalle le sussurrò «Ciao amore mio».

Lei si voltò molto lentamente.

«Non sei felice di rivedermi?», rimarcò Jamil. Il volto di Adelina cambiò; sguardo fisso, labbra semiaperte e gli occhi spalancati. Abbassò le mani lungo i fianchi, poi senza distogliere gli occhi da lui, afferrò per un braccio la prima paziente che le passò davanti, e le chiese.

«Vede qualcuno davanti a me?». La donna, una suora dell'ordine delle Orsoline, piccola di statura e molto avanti negli anni, la guardò e rise a crepapelle.

«Allora? Vede qualcuno o no?», chiese di nuovo, stringendole con forza l'avambraccio incredula. La suora sotto la pressione della sua mano salda, smise di ridere.

«L'amore è venuto a cercarti piccola cara, e ti ha trovata. Adesso è arrivato il momento...», le disse con voce pacata unendo le mani di Adelina a quelle di lui.

Non aggiunse altro. Sorrise e tornò in camera sua agitando le braccia come se stesse dirigendo un'orchestra.

Da quando Adelina si era ammalata, e aveva conosciuto molti pazienti, si era convinta di una cosa, una cosa che si poteva racchiudere in un motto: 'Vuoi conoscere una verità? Chiedila a uno schizofrenico, e avrai la risposta che cerchi.' Chissà dunque cosa le aveva voluto dire la suora in quelle poche parole pronunciate sotto l'effetto di tranquillanti.

«Ho temuto di non rivederti mai più, Jamil. Dio mio sapessi, sapessi, quanto ti amo», gli sussurrò gettandogli le braccia al collo. Adesso era felice. Felice che lui fosse tornato da lei.

«Oh Adelina mia...».

«Ma qui a quest'ora? Come hai fatto Jamil?», gli chiese dopo aver sciolto l'abbraccio.

«C'è di turno il dottor Freni. Gli ho spiegato cosa è successo con tua madre, e mi ha lasciato passare».

«Che sia santo subito, il dottore Freni», commentò lei alzando gli occhi in cielo e congiungendo le mani a preghiera. Si appartarono in un angolo riservato del corridoio per parlare.

«Non ho molto tempo *habibi*, il dottore mi ha permesso di vederti, ma solo per pochi minuti. Devo dirti alcune cose importantissime».

«Dimmi Jamil, dimmi tutto», replicò lei felice dopo avergli schioccato un bacio chiassoso sulla guancia.

«Innanzitutto perdonami se sono andato via come un vigliacco dinnanzi alle urla di tua madre. Sai come dice un proverbio arabo? 'Le tempeste dell'anima sono peggiori delle tempeste di sabbia' quindi ho pensato che fosse meglio andar via e mettere a tacere il suo animo in fiamme piuttosto che rinvigorirlo».

«Capisco. Hai fatto la cosa migliore, sai mia mamma è... beh...», Adelina, fece un gesto con la mano come se stesse cacciando una mosca e concluse. «Lasciamo perdere».

«*Habibi*, dopo domani dovrò partire, il mio permesso di soggiorno sta per scadere... ma quando tornerò decideremo insieme cosa fare. Va bene?», le disse carezzandole la guancia con voce dolente come se si stesse strappando un pezzo di cuore.

«Dopo domani? Dio mio no! Jamil, no. Non andartene!», lo pregò scuotendo il capo. «E io? Come farò?».

«Troverò una soluzione, devi solo aver un po' di pazienza», le disse guardandola negli occhi. E mentre lei continuava a piangere le baciò a lungo la fronte all'altezza dell'attaccatura dei capelli. Poi si avviò verso l'uscita. Lei lo seguì tenendolo per mano.

«Quando tornerai?», gli chiese richiudendo la porta che lui aveva aperto, con le lacrime che scendevano come un fiume in piena.

«Non lo so con esattezza, ma non tra pochi giorni...», il tono di voce di Jamil, divenne debole quasi si arrestò. Poi a testa bassa continuò «temo che ci vorrà del tempo».

«No, Jamil no. Ti prego no! Io non riuscirò a stare lontano da te per così tanto».

«Dovrai essere forte *habibi*, saper attendere e confidare nel mio amore», la supplicò mentre con una mano le asciugava le lacrime. Lei continuava a scuotere il capo sempre più disperata.

«Guardami Adelina», le disse con tono deciso sollevandole il mento. «Non devi mai dubitare di me. Capito? Io ti amo. Non scordarlo mai». Lui sospirò. Non avrebbe voluto lasciarla, ma non poteva fare altrimenti. La strinse ancora più forte al petto, mentre continuava a sentire il disperato pianto di lei trafiggerlo. A un certo punto lei si interruppe. Lo guardò dritto negli occhi. Cambiò espressione. Accennò un sorriso e poi gli disse le quattro parole che avrebbero cambiato il corso della loro storia e delle loro vite.

«Portami con te, Jamil».

«Cosa?».

«Sì Jamil, se mi vuoi io vengo con te. Andiamo in Marocco, e cominciamo la nostra vita insieme proprio lì».

«Cosa dici?», ripeté lui. «Dove vorresti andare? Insomma vivere?».

Adelina si tolse i capelli davanti gli occhi e si asciugò le lacrime con un gesto rapido.

«Nella tua terra», balbettò emozionata.

Lui non credeva a ciò che aveva appena sentito. Era stupito, perplesso e confuso allo stesso tempo. D'impulso cercò di dissuaderla. Non riusciva proprio a immaginarla al suo paese, tra il caldo torrido e con il capo coperto dal velo.

«Non credo sia una buona idea. Qui hai tutto, la tua famiglia, il tuo lavoro, hai...».

Lei lo interruppe.

«No Jamil, ti sbagli! Qui non ho proprio nulla o perlomeno, non ho ciò che voglio. Qui mi hanno tolto tanto, e presto mi toglieranno anche la voglia di vivere, se ci resto ancora. E poi, se ci rifletti un attimo, qui a Genova abbiamo entrambi solo una cosa: il marchio dei diversi. Siamo condannati, marchiati, discriminati. Tu sei l'extracomunitario, io la matta. Basta Jamil, basta. Diamo un taglio a tutto questo orrore, a questa ingiustizia gratuita. Andiamo via. Lontano. Insieme».

«Oh, Adelina mia!».

«Sì Jamil, sì, sì, sì, dai andiamo», lo pregò.

«Perché? Perché proprio in Marocco?».

«Lì tu sarai a casa, nella tua terra e tra la tua gente. Per noi sarà più facile ricominciare con l'appoggio della tua famiglia», lui annuì sorridendo quasi confortato da quelle parole.

«In Marocco nessuno chiamerà matta me ed extracomunitario a te. Ci basterà questo per rinascere, vivere e godere di noi, affronteremo i problemi che verranno, Hanan ed eventuali...».

«Tua madre? Che dirà? Che farà?».

«Mia madre è la prima persona della lista che mi rende la vita impossibile. Lei non ti accetterà mai, nemmeno se glielo chiedesse il Papa. Capisci Jamil perché non ne posso più? Voglio andare lontano, in una terra dove l'aria che respiro, l'asfalto che calpesto, la gente, e persino il cielo, non mi parli della mia malattia. Voglio vivere in un luogo dove le persone mi considerano per quello che sono realmente, e non per quello che pensano che io sia a causa della malattia». Deglutì velocemente, poi proseguì. Sembrava che avesse finalmente trovato la via maestra. «Voglio sentirmi libera di ridere o piangere, mangiare o digiunare, respirare o stare in apnea. Ho bisogno di ritrovare me stessa. E prima che sia troppo tardi, voglio provarci con te a fianco, non chiedo di meglio dalla vita. Oggi, domani si vedrà».

Adelina non aveva alcun dubbio. Andar via da quel cumulo di ignoranza era la soluzione al loro problema. Voleva dire basta ai ricoveri ingiustificati. Basta all'ipocrisia. Basta al giudizio della gente. Basta allo stigma. Lontano da tutti e dal mostro più grande del suo disturbo: la gente.

Lui non rispose. Adelina appoggiò la testa sul suo petto e lasciò che le carezzasse i capelli per calmarla. «Ho capito tutto. Ma adesso devo proprio andare. Ti amo, ti amo tanto».

«No Jamil! Non puoi lasciarmi cosi. Non farlo. Ti prego, dimmi che ne pensi, dimmi che sei d'accordo e che andremo via insieme», concluse supplicandolo prima che un fiume di lacrime le impedisse di nuovo anche di respirare.

«Domani tornerò e ne riparleremo con più calma. Va bene? Ma tu pensaci bene stanotte. Rifletti attentamente. Promesso? Il Marocco non è un paese facile per una donna occidentale...», nel dire questo Jamil andò via di corsa.

Rimasta sola dinnanzi alla porta, chiuse gli occhi. Non riusciva né a pensare, né a muoversi. Quel tripudio di emozioni forti e profonde che l'avevano travolta poco prima, le stavano togliendo ogni forma di volontà ed energia. Sentì la mano di un'infermiera poggiarsi con delicatezza sulla sua spalla, quindi si voltò. Aveva gli occhi gonfi, rossi e lacrimanti.

«L'amo come mai riuscirò ad amare nessun altro», blaterò con lo sguardo fisso nel vuoto. «Quel ragazzo è tutta la mia vita», le confidò a cuore aperto come se quella donna fosse sempre stata la sua più cara confidente.

«L'amore fa miracoli, cara Adelina», replicò con aria mite che contraddiceva la freddezza del suo sguardo. «Vedrai il tuo piccolo miracolo tornerà presto da te. Ma ora si è fatto tardi e tu devi riposare. Andiamo dai!». Lei annuì, poi si avviarono verso la sua stanza. Adelina scostò copriletto e lenzuolo, s'infilò nel letto sperando che Morfeo, avendo pietà di lei e delle sue estenuanti pene, la rapisse all'istante facendola precipitare negli abissi di un sonno profondo e ristoratore.

Capitolo 25

La mattina dopo, Jamil si presentò in ospedale prestissimo. Parlarono a lungo dei dettagli del viaggio/fuga dall'Italia, trovandosi presto davanti il primo grande ostacolo, forse il più difficile da superare: la terapia farmacologica. Come fare? Lei sapeva, soprattutto dopo l'ultima ricaduta, che non assumere i farmaci regolarmente sarebbe stato come spalancare le porte al suo disturbo.

«Che cosa? Ma vi ha dato di volta il cervello, ragazzi?», fu il primo commento a caldo del dottor Freni, alla loro richiesta di aiuto.

«Dottore la prego, abbiamo i nostri buoni motivi per farlo e poi...», Adelina strinse la mano di Jamil, guardò il dottore dritto negli occhi e proseguì. «Jamil domani dovrà lasciare l'Italia. Il suo permesso di soggiorno è scaduto, e io desidero stare con lui».

Il dottore s'irrigidì sulla sedia, raddrizzò i fogli che stavano sulla scrivania e senza neppure guardarli li poggiò su altri.

«Capisco, capisco bene, ma resta il fatto che il vostro progetto è pura follia», ribadì mentre continuava a tamburellare la penna sul tavolo.

«Jamil, di dove sei? Casablanca? Marrakech?», chiese con l'aria di chi vuol trovare uno spiraglio di possibilità per poterli aiutare. *Grandi città, più possibilità.* Pensava il dottore. Jamil si schiarì la gola. Aveva la bocca secca, e prima di rispondergli si leccò le labbra.

«No dottore, sono di Merzouga».

«Cosa? Da non crederci!». Si alzò poggiando i palmi delle mani sul tavolo e li guardò come se stessero delirando. «Cristo Santo, ma vi rendete conto di ciò che dite?», urlò in faccia a entrambi mentre si rimetteva a sedere.

«No, cioè sì dottore», replicarono, mentre lui continuava a fissarli con lo sguardo accigliato.

«Adelina e io desideriamo questo dottore. Possiamo farcela, ma abbiamo bisogno del suo aiuto».

Il dottore allora si alzò e si avvicinò alle spalle di Jamil, poi chinandosi gli disse sottovoce. «Amare significa pensare soprattutto al bene dell'altro e non credo», fece una pausa di riflessione per dare maggiore effetto alle sue parole, «che portare Adelina in mezzo al deserto, sia vero amore caro ragazzo».

Jamil si voltò verso il dottore con l'espressione di chi stava rinsavendo. In fondo il dottore aveva ragione. Tornò a sedersi. Prese dal cassetto un sigaro e se lo mise in bocca mentre i due lo fissavano in attesa di sentire qualche parola di conforto.

«Conosco quella zona, ci sono stato poco tempo fa, per un tour alle dune di Erg Chebbi. Merzouga è lì intorno. Dico bene?».

Lei lo guardò sperando che Jamil dicesse di no. Certo, vivere alle porte del deserto sarebbe stato come catapultarsi dalla terra alla luna, perciò qualche lecito timore era venuto anche a lei durante la notte.

«Sì dottore, dice benissimo».

«Allora confermo che siete due folli, folli, folli!». Sbraitò talmente forte che una goccia di saliva finì quasi per soffocarlo. Si alzò, e lasciò la stanza facendo un sospiro che somigliava più a un fischio sbuffato.

Si guardarono smarriti, sapevano che il loro progetto non sarebbe potuto decollare senza l'appoggio del dottore. Jamil si alzò e con le mani tra i capelli camminò silenzioso andando avanti e indietro. La tensione salì fino a quando rivolgendosi a lei, disse «*Habibi,* il dottore ha ragione, dovremmo pensarci meglio».

Lei intanto scuoteva il capo in silenzio.

«Dimmi un po'?», le chiese lui con tono saggiamente preoccupato. «Se il dottore non ci aiuta, come farai a curarti in mezzo al nulla? Dove prenderemo i farmaci? E non solo questo. Dovrai convertirti all'Islam. Ci hai pensato? La mia famiglia non accetterà mai una donna occidentale, per di più cattolica. Dovrai inoltre portare il velo tutti i giorni, e pregare Allah almeno cinque volte al giorno». Cercò di dissuaderla con argomentazioni ragionevoli. «Sei disposta a far tutto questo? A Merzouga non avresti le comodità della città, e vivresti in una casetta rudimentale. C'è di più. Non potresti più guidare l'auto, andare in giro da sola, vestire come ti piace e poi ci sono tanti insetti, gechi e topi, galline e scarafaggi. Pensi ne valga la pena?».

«Ne varrà la pena Jamil, fidati», rispose categorica lei. Nonostante questo Jamil continuò il suo tentativo di dissuasione dopo essersi rimesso a sedere.

«Possiamo invece fare diversamente. Per esempio vivere altrove; in Abruzzo, o in Sardegna. Che ne pensi?». Quell'ultima opzione la fece saltare dalla sedia.

«No, Jamil in Italia assolutamente no!», replicò agitando le mani e la testa. «Stai tranquillo e non preoccuparti per me. Sono disposta a tutto, dico a tutto credimi. Indosserò il velo, farò il digiuno, non guiderò più un'automobile e bla, bla, bla».

Lui sospirò sconfitto.

Aprirono la porta per andare via, trovandosi di fronte il dottore. Dalla sua espressione di sicuro più rilassata pareva che avesse smaltito un po' di agitazione. Dopo aver lasciato sul tavolo dei fogli di terapia, chiese a Jamil di parlare in privato con la sua paziente. Sperava in cuor suo di riuscire a dissuaderla, di terrorizzarla, ma dieci minuti dopo si era già arreso alla determinazione di lei.

«Accomodati Jamil», gli disse invitandolo a rientrare.

«Spero che un giorno non vi pentirete di ciò che state facendo. Voglio tuttavia aiutarvi. In un certo senso è mio dovere farlo».

Sorrisero entrambi immaginandosi già in volo.

«Per garantire i farmaci ad Adelina, pensavo di fare in questa maniera».

I due ragazzi si guardarono con occhi brillanti.

«Ogni mese vi invierò un pacco contenente i farmaci che dovrà prendere regolarmente», rivolgendosi a lui. «Li invierò al piccolo ambulatorio del tuo paese, vi lavora un collega che ho conosciuto in occasione del mio tour a Merzouga, ho ancora la sua mail. Oggi stesso gli scriverò. Voi due non dovrete far altro che ritirare il pacco a voi indirizzato. Ok? Tutto chiaro?».

Adelina allungò un braccio sulla scrivania e gli strinse la mano mentre le sue labbra pronunciavano un commosso grazie. Lui la lasciò fare, e rivolgendosi a Jamil gli disse: «ti ricordo ancora che se non dovesse prendere i farmaci, per una qualsiasi ragione, andrà incontro alla malattia e in quel contesto e senza assistenza adeguata, sarebbe molto pericoloso per lei».

«Ok, ok dottore. Starò molto attento», rispose lui, mentre lei annuiva. Adelina corse dietro la scrivania e l'abbracciò come era nelle sue corde: con veemenza e tanta spontaneità. Grazie alla bontà di quell'uomo entrambi avrebbero potuto realizzare il loro progetto.

«Dottore, non dimenticherò mai il suo gesto. Grazie di cuore!».

«Sì dottore, Allah la ringrazierà per la sua bontà... shukran», aggiunse lui inchinandosi in pieno stile arabo.

«Tieni Adelina, questi sono i documenti della tua dimissione», dandole un buffetto in testa. «Vi sposerete prima di partire?».

Si guardarono come chi è colto da un'idea geniale, si sorrisero e prendendosi per mano risposero all'unisono: «Sì, lo faremo dottore!».

«Oggi stesso», concluse Jamil mandando in visibilio i battiti del cuore di lei.

Salutarono il dottore e uscirono dalla stanza di fretta. Avevano poco più di ventiquattro ore di tempo di tempo per riuscire a far tutto e presentarsi in aeroporto la mattina seguente.

Qualche ora dopo la dimissione, grazie a un caro amico di Jamil, funzionario a Marrakech, arrivò il nulla osta necessario per potersi sposare e lo stesso pomeriggio celebrarono il matrimonio. Approfittando del fatto che Tina quella sera aveva il turno di notte in fabbrica, Adelina entrò silenziosamente a casa con il passo felpato di una ladra. Raccolse tutto lo stretto necessario, baciò il poster di Jovanotti, e passò in punta di piedi in camera di Simone. Lui dormiva a pancia in giù, con il PC ancora acceso a lato. Lo baciò sulla fronte mentre scorrevano nella sua mente le immagini dei momenti più belli trascorsi insieme. Una lacrima di dolore arrivò all'improvviso e cadde sui capelli di Simone che sognando chissà cosa si voltò lentamente verso di lei.

«Mi mancherai piccolo birbantello! Abbi cura di te e continua a snobbare nostra madre, spero che almeno tu uscirai incolume dalla sua ansia. Addio fratellino mio adorato, vado via ma ti porto con me, nel mio cuore», gli diede un ultimo bacio in fronte ed uscì dalla sua stanza.

Entrò in cucina, prese carta e penna e scrisse un biglietto a sua madre che poi lasciò sul suo letto.

Mamma, mi hai detto di fare una scelta e io l'ho fatta. Grazie per avermi accolta nella tua vita quando ero ancora un piccolo esserino indifeso; anche se a modo tuo so che mi hai voluto bene. Ma adesso ho bisogno di altro e soprattutto di andare lontano da qui dove la gente non sa nulla di me e mi accetterà per quella che sono. Soltanto in questo modo potrò rinascere nella mia individualità purtroppo massacrata dal pregiudizio di tutti voi, e soprattutto dal tuo. Sì mamma anche dal tuo, perché sei stata soprattutto tu ad avermi reso la vita un inferno negli ultimi due anni. Non provare a cercarmi, sarà inutile, forse un giorno mi farò viva io. Scriverò presto a papi, lui al contrario di te mi capirà ne sono certa, e accetterà il mio adorato Jamil. Abbi cura del mio piccolo fratellino e dei tuoi mal di testa. Se provassi a calmarti un po' forse ti lascerebbero in pace. Ah! se puoi, non tormentare Simone, altrimenti presto perderai anche lui. Buona vita mamma. Adelina.

L'aereo era già in pista, pronto per il decollo. Si tenevano per mano mentre lei guardava fuori dal finestrino. Desiderava solo una cosa, sentire l'aereo sollevarsi da quell'asfalto che non voleva più calpestare, e da quell'aria che non voleva più respirare. Quando finalmente l'aereo decollò, accarezzò la fede nuziale, lo guardò negli occhi e gli disse con tono pacato.

«Ce la faremo Jamil. Vedrai andrà tutto bene», lui le strinse forte la mano replicando.

«Allah è grande, sarà con noi *habibi*. 'Quando c'è una meta, anche il deserto diventa strada'».

Seconda parte

Merzouga

Capitolo 26

Il viaggiò cominciò all'insegna del buonumore. Il caschetto di Adelina, quella mattina, lasciava pensare che stesse andando a vivere a Gardaland, piuttosto che alle porte del deserto. Era entusiasta, felice della sua scelta e soprattutto eccitata per essere diventata la signora Alamà. Per quasi tutta la durata del volo tormentò Jamil affinché le insegnasse nuove parole in arabo che, secondo lei, potevano esserle subito utili una volta giunti a destinazione. Aveva già imparato tanto e in poco tempo. Ma era ancora ben lontana dal poter dire di parlare o capire perfettamente l'arabo o il dialetto berbero. Sembrava, comunque, che avesse una buona attitudine alle lingue, al francese in modo particolare, che parlava e leggeva in maniera impeccabile. Una gran fortuna per lei, considerando che in Marocco è la seconda lingua parlata.

Dopo lo scalo a Roma, presero il volo successivo e atterrarono a Marrakech con ben quindici minuti di anticipo. In aeroporto regnava sovrano il caos. Una folla oceanica di persone, esasperate dalla lunga attesa ai controlli passaporti, si affollava attorno a un uomo grondante di sudore che controllava con evidente fatica i documenti dei passeggeri, prima di farli transitare al ritiro bagagli. Parlavano tutti a voce molto alta e si spingevano gli uni con gli altri come se quell'uomo distribuisse le ultimissime monete d'oro. Quando, dopo circa un'ora, riuscirono a uscire dall'aeroporto, erano carichi come i cammelli di una carovana di Tuareg. Le guance di Adelina si colorarono immediatamente di un bel rosso ciliegia. La sensazione che ebbe fu quella di sentirsi infornata a 180° mentre lui sorridendole cercava di rassicurarla.

«Non aver paura *habibi,* non è sempre così», le disse, tuttavia in cuor suo temeva che non si sarebbe ambientata tanto facilmente.

Proseguirono il loro viaggio in pullman. Il bus sul quale salirono in volata era piuttosto sgangherato, sporco di almeno dieci anni e traballante come un carretto. I sedili erano squarciati al centro e scomodi come tronchi d'albero. Nonostante l'eccitazione del viaggio, dopo circa quindici minuti, Adelina cominciò ad accusare la stanchezza. Sbadigliò a lungo coprendosi la bocca con la mano. Dieci ore di viaggio non erano uno scherzo. Si erano fatte le tredici circa, le strade man mano erano diventate sempre più deserte e lacrimanti. Era madida di sudore e il suo caschetto era crollato come un flambè. A un certo punto il trambusto del motore la svegliò. Cominciò a spazientirsi. Aveva sonno, aveva sete, aveva fame, aveva caldo, aveva solo voglia di arrivare, ma il viaggio era ancora all'inizio. Per ammazzare il tempo si guardò un po' intorno. Jamil dormiva beato come se fosse sotto una palma di una spiaggia delle Seychelles. La maggior parte dei passeggeri era di sesso maschile. Indossavano ampie tuniche di lino color sabbia, il copricapo tipico, la shashia, e dei sabot bassi, dai quali sporgevano talloni duri e in molti casi sporchi. Quasi tutti viaggiavano in compagnia di galline, capre e montoni, che tenevano sulle gambe o sotto il sedile. Le poche donne a bordo, indossavano il velo: lo *hijab* che copriva loro il capo e il collo lasciando scoperto soltanto il viso. Erano tutte talmente silenziose e assorte nei loro pensieri, da far pensare che stessero decidendo la sorte dei popoli del mondo. *Siamo donne... parlare un po' ci farà passare prima il tempo,* pensò ingenuamente Adelina. Si voltò quindi indietro ed esordì con il suo primo «Salam Alekum».

La donna alla quale si rivolse sorridendo, non soltanto non le rispose, ma si accigliò duramente. A quel punto rivolse lo sguardo fuori da quel finestrino imbrattato di zanzare essiccate, sul quale chiuse le sue lunghe ciglia tristi. Adelina si sentì tirare da un braccio. Era Jamil, che colto da un bisogno impellente di bere, si era svegliato.

«Non puoi farlo», le sussurrò lui avvicinandosi al suo orecchio. «Le donne non parlano con gli estranei, e spesso neanche fra loro».

«Ah sì? E perché? Che male c'è?», disse meravigliata.

«Cultura Adelina, è solo una questione di cultura, prova a dormire», concluse frettolosamente lui cadendo nuovamente in un sonno profondo.

«Jamil!», lo chiamò lei, scuotendolo da un braccio. *Eccolo, è tornato nel mondo dei sogni, uff beato lui.* Sbuffò annoiata. Mentre il bus macinava un chilometro dopo l'altro, arrivò l'idea geniale. *Beh, se mi dovrò comportare come una donna musulmana, allora è arrivato il momento di indossare il velo,* pensò tra il serio e il faceto. Lo tirò fuori dalla sua tracolla. Era talmente pressato, da sembrare un quadrato di fogli di carta velina impilati e appiccicati.

Il calore di quel velo che si apriva tra le sue mani, la riportò immediatamente alla serata araba che aveva organizzato poco tempo prima a casa di Jamil. Con gli occhi della mente, rivide per un attimo se stessa nuda e provocante, vestita solo di quel velo azzurro sul capo. Sorrise pensando a quanto fosse stata trasgressiva, specialmente se vista con gli occhi dell'intero mondo musulmano. Ora, però, quello stesso velo lo guardava con occhi diversi, perché avrebbe avuto tutt'altro ruolo che quello della seduttrice. Ma le avrebbe garantito quell'identità impenetrabile che lei tanto desiderava? L'avrebbe protetta dallo stigma della matta o da qualsiasi altro marchio dispregiativo? Si asciugò per bene la fronte, si tirò i capelli indietro e iniziò a sistemarselo con molta cura. Certo, se quel giorno non ci fossero stati 42 gradi e un tasso di umidità insopportabile anche a un tuareg sarebbe stato più piacevole indossarlo. *Se riesco a sopportarlo in cattività, sarà un gioco tenerlo in condizioni di normalità.*

Quando l'ebbe sistemato, abbassò lo sguardo, poggiò le mani sulla pancia e provò a entrare nel nuovo ruolo chiudendo gli occhi. Pochissimi minuti dopo, per qualche strana ragione, il suo cuore iniziò a pulsare fortemente e la sua mente a produrre a raffica immagini che la vedevano immersa in una nuova vita. Cosa le stava capitando? Forse indossare il velo le aveva dato piena consapevolezza di quella scelta fatta in emergenza, e soprattutto per disperazione? O forse una lecita paura nascosta cominciava a svelarsi proprio nel momento esatto in cui lei si 'velava?' Con un gesto furtivo si asciugò le lacrime, mentre sentiva la testa di Jamil, caderle a peso morto sulla spalla. Si voltò e sorridendogli lo accarezzò con tenerezza sul collo. Quel velo indossato quasi per gioco, le diede comunque la conferma di aver intrapreso la strada che voleva. La strada del suo riscatto. La strada di una nuova vita.

Quando, mezz'ora dopo, Jamil si svegliò lei dormiva profondamente. Aveva la testa piegata e poggiata sul finestrino. Per un attimo lui stentò a riconoscerla. Gli bastarono però pochi secondi per rinsavire, e farsi rapire da quello sguardo buono e sorridente, che il velo lasciava affiorare in tutta la sua bellezza. Con il bordo dello stesso le asciugò qualche goccia di sudore sulla fronte, e le baciò la mano e poi la fede matrimoniale che brillava come argento appena lucidato. Man mano che si avvicinavano a casa, cresceva in lui una certa preoccupazione. Conosceva benissimo la sua famiglia. Di ognuno di loro poteva anticipare reazioni e pensieri circa il suo matrimonio. Famiglia, parenti e vicinato lo volevano sposato, ma a Hanan, non a un'occidentale cattolica. Sospirò a lungo. Mancava ormai poco all'arrivo.

Il sole calò di colpo affogando nel crepuscolo. Giunti a destinazione, prima di scendere dal bus, Adelina bevve gli ultimi sorsi di quell'acqua brodosa che le era rimasta e si alzò sospirando di contentezza. Aveva il tessuto della gonna appiccicato alle gambe che sembrava carta da parati, perciò cercando di non dare troppo nell'occhio, lo scollò pazientemente, e si mise in fila per scendere. Davanti ai suoi piedi gonfi e stanchi c'era una gallinella esausta del lungo viaggio che continuava a pizzicarle gli infradito in cuoio, forse sperando che fossero chicchi di grano. Mentre Jamil si occupava di recuperare i bagagli, lei ebbe tempo di immergersi in una fantasia di benvenuto molto commovente.

La mamma di lui sarebbe corsa verso suo figlio in lacrime, e abbracciandolo gli avrebbe detto che era ancora più bello di come lo aveva lasciato. Il padre, invece, fiero del ritorno del figliol prodigo laureato, gli avrebbe dato una generosa pacca sulla spalla dicendogli che era degno di essere figlio suo. E infine i fratelli. Li immaginava tutti emozionati, pronti con i loro tamburi per dargli un benvenuto musicale di tutto rispetto. Il continuo beccare della gallinella sui suoi piedi la riportò alla realtà. Scese finalmente dal bus. Si guardò un po' in giro cercando qualcosa che potesse farle dire: «Wow, che meraviglia», ma il paese

– soprattutto a quell'ora – si presentava sconfortante. Piccole abitazioni in argilla e paglia, sparse qua e là come case di un piccolo presepe costituivano lo scenario più suggestivo dei dintorni. Regnava un gran silenzio. Silenzio rotto soltanto dal continuo chiocciare di galline impazienti di trovare la loro agognata dimora. Bastava chiudere gli occhi per sentirsi catapultati nel vicino deserto del Sahara.

Allungando il collo verso il fondo della strada, vide alcuni commercianti impegnati a chiudere le loro piccole botteghe di spezie e artigianato che sognava già di visitare il prima possibile. Le stradine, anche quelle parallele, erano coperte per lo più di sabbia. Non c'erano marciapiedi, né insegne luminose. La luna di notte, e il sole di giorno, costituivano probabilmente la sola illuminazione del centro abitato di Merzouga. Sperare di intravedere un lembo di verde, era come aspettarsi di trovare l'oro nel deserto in piena notte. Una vera e propria utopia. Qua e là, si vedeva qualche solitaria palma di datteri moscia, probabilmente anche lei provata dal caldo torrido di quei giorni. Raggiunse Jamil, prese in mano la sua valigia e con tono allegro disse: «Marciare!», allungando la 'e' finale come un generale dell'esercito. Tutto era pronto per il suo debutto in famiglia, quindi si avviarono a piedi.

Capitolo 27

Camminarono per almeno venti minuti prima di giungere a destinazione. Dalle piccole finestre basse delle case fuoriusciva un invitante profumo di agnello cotto al forno, che le fece ricordare di non aver pranzato. Jamil si trascinava e dalla sua espressione sembrava impensierito. Durante il viaggio si era più volte biasimato per non aver avvisato la famiglia del suo arrivo con Adelina. Poi si era discolpato pensando alla frenesia di quelle ultime ore prima della rocambolesca partenza.

In pochissimo tempo aveva dovuto finire i bagagli, lasciare le chiavi al padrone di casa e, cosa più importante, si era sposato. Il matrimonio era stato celebrato presso il palazzo comunale della città, in presenza di due testimoni: Miriam, e due amici di lui. Questi ultimi si erano adoperati affinché il matrimonio lampo avvenisse. Gianni, definito dagli amici il 'braccino corto' del gruppo, aveva sorpreso tutti regalando agli sposi le fedi nuziali in oro bianco. Riccardo, il saggio e bello della comitiva, aveva invece pensato al biglietto aereo per lei. Ma ancor più decisivo era stato l'aiuto dei genitori di entrambi i ragazzi. Questi infatti con i tentacoli delle loro promettenti conoscenze in città, avevano arginato in pochissime ore una moltitudine di cavilli burocratici, che altrimenti avrebbero impedito quel matrimonio da guiness dei primati.

«Ci siamo quasi *habibi*», le disse a un certo punto rompendo il silenzio che accompagnava i loro respiri stanchi. «Ancora pochi passi, poi voltiamo quell'angolo», lo indicò alzando il mento alla sua destra, «e ci troveremo davanti casa mia».

Il cuore di lei era in festa, quello di lui in tempesta. Ad accoglierli c'era l'intera famiglia e tutto il vicinato. I suoi genitori stavano in piedi in prima fila sorridenti con le mani congiunte sull'addome. Fratelli e cognate erano disposti invece dietro questi ultimi. Tutti – vicini compresi – indossavano gli abiti tipici marocchini della festa. Le donne del villaggio, avanzando a piccoli passi verso di loro, eseguivano il tipico ululato berbero accerchiandoli. "Lolololooolоeeey". Mentre quell'aria di festa la stava già contagiando, all'unisono poggiarono i bagagli a terra e si prepararono alle presentazioni di rito. Nell'atto di sollevarsi, si accorsero però che l'ululato delle donne, andava via via scemando fino a ridursi a silenzio assoluto. Jamil cominciò a temere che purtroppo il melodramma familiare stesse per cominciare. Le bocche di tutti i presenti si schiusero, mentre le mani delle donne del coro si abbassarono a rallentatore dalla bocca lungo i fianchi.

Gli occhi dei presenti erano puntati su Adelina, soprattutto quelli della mamma di lui. Seguì un brusio di voci e di commenti che destò subito la curiosità di Adelina, che nel frattempo era rimasta immobile come una statua di sabbia bagnata, sotto lo sguardo esterrefatto di tutti i partecipanti allo spettacolo. Si ritrovarono intrappolati in una ragnatela di visi contratti e di sguardi attoniti.

Alcuni ragazzini s'intrufolarono tra le gambe dei più grandi per vedere la scena da vicino mentre altri sghignazzavano intorno ad Adelina come se fosse appena scesa da una navicella spaziale. Lei si guardò prima gli infradito, poi si sistemò il velo, si tormentò un'unghia, e infine cercò di tirar giù la gonna per coprirsi anche i piedi.

«*Habibi,* tutto bene? Stai tranquilla», le sussurrò lui all'orecchio accorgendosi del suo imbarazzo.

«Credo che mi faranno fuori prima dell'alba. Lo sento, e Allah questa volta non mi aiuterà», gli rispose con tono ironico per sdrammatizzare un po'.

Si scambiarono un sorrisetto lampo prendendosi per mano. Avevano bisogno di sentirsi una cosa sola e cogliere l'occasione per comunicare a tutti che erano una coppia. Quel gesto creò però un moto di stupore tra i presenti e una scintilla di rabbia negli occhi della madre di lui rimasta pietrificata quanto la giovane nuora. Seguì all'improvviso un forte grido simile a un raglio indignato. Era il pianto di Hanan, anche lei tra i presenti. Questa, resasi conto di chi fosse la ragazza a fianco del suo promesso sposo, pianse platealmente come una bambina alla quale avevano sottratto il suo giocattolo preferito. Al pianto disperato della ragazza, suo padre rispose sputando a terra tutta la saliva che aveva in bocca. Poi tirò la figlia da un braccio e la trascinò via inveendo contro Jamil.

A poco a poco, la famiglia e il resto dei presenti cominciò a defilarsi sotto gli occhi stupiti di Adelina, che continuava a chiedersi il perché di quell'accoglienza a dir poco imbarazzante. Jamil avrebbe voluto un benvenuto diverso per lei, e ora si sarebbe mangiato un gomito per non aver detto alla madre tre semplici parole: 'mi sono sposato'. In pochi minuti come alla fine di uno spettacolo teatrale si erano spenti i riflettori, ed entrambi erano rimasti sul palco con i loro bagagli mentre qualche gatto randagio gli gironzolava intorno indifferente alla loro delusione. Visto come erano andate le cose, oramai non potevano far nient'altro che entrare in casa e stare a vedere cosa sarebbe accaduto.

«*Inshallah,* andrà tutto bene. Diamogli solo il tempo di accettare la novità e che...», si interruppe. Prese la sua valigia da terra mentre lei, concludeva la frase.

«...e che ti sei sposato, addirittura con un'occidentale. Giusto?», lui abbassò lo sguardo e assentì. *Uhm... cominciamo bene,* pensò lei tirando su il suo bagaglio *altro che tamburi e pacche sulla spalla... Temo che mi metteranno presto su un cammello e mi spediranno in mezzo al deserto a morir di fame e sete.*

Jamil prese il secondo bagaglio e si avviò verso casa con lei incollata a lui come una delle chewing gum di Simone.

«Mamma, papà lasciate che vi spieghi come sono andate le cose...», esordì dopo aver poggiato le valigie a terra.

«Mettiamoci a mangiare, Jamil. E non aggiungere altro per stasera», replicò sua madre senza nemmeno rivolgergli lo sguardo, dirigendosi in cucina.

«Papà?». Lo guardò cercando nei suoi occhi l'incoraggiamento di cui aveva bisogno in quel momento.

«Il tempo farà la sua parte figlio mio. Non temere», lo rassicurò con voce calda.

«Taci Said», gli ordinò subito la moglie sbucando con il viso dalla tenda blu della cucina.

La sua voce roca e il tono duro paralizzò tutti, bambini compresi che la fissavano terrorizzati come se fosse la strega cattiva delle fiabe.

Jamil si voltò verso Adelina pregandola con gli occhi di aver pazienza. Poi resosi conto che per quella sera l'atmosfera sarebbe rimasta incandescente, preferì tacere sull'argomento. Insieme si diressero in bagno. Nella tradizione araba prima di sedersi a tavola, ci si lava tre volte le mani, i piedi e la faccia. L'avrebbero fatto comunque, ma a maggior ragione in quel momento in cui rispettare le tradizioni musulmane era un obbligo, non solo per la loro religione ma anche e soprattutto per la loro stessa incolumità.

L'abitazione era incastonata fra case basse in argilla lungo una stradina ad angolo retto, senza marciapiedi né asfalto. Per la loro tipica forma tondeggiante, ricordavano molto le celle di un piccolo alveare da cartone animato. La proprietà della famiglia Alamà era composta da sole tre grandi stanze, un bagno all'esterno grande quanto una cabina telefonica, e un lavatoio con un tubo in gomma che fungeva da doccia. Al centro della casa, vi era steso un grande tappeto berbero che sostituiva il tavolo da pranzo. Questo era circondato da tanti cuscini ai lati che fungevano da sedie. Il tavolo era stato già apparecchiato per quella che doveva essere la grande festa del rientro.

Nell'abitazione vivevano, oltre ai genitori, quattro coppie di sposi, fratelli di Jamil, e Fatima il cui marito si era trasferito in Libia da qualche tempo per motivi di lavoro, per un totale di tredici adulti – loro compresi – e un numero imprecisato di bambini. Adelina rimase impressionata dalla quantità di cibo che era stato preparato. Gli occhi le caddero subito sul batbout, il tipico pane marocchino schiacciato e cotto in padella. Lo aveva mangiato nei ristoranti marocchini di Genova. Un grande piatto di *cous-cous* di verdure dominava però la scena. Peccato che in quel momento volesse solo sprofondare sotto al tappeto piuttosto che mangiare tutto quel ben di Dio.

Separato da una tenda ad anelli c'era infine un piccolo angolo cottura da cui proveniva un invitante odore d'agnello cotto al forno e di dolci al miele appena sfornati.

La suocera continuava a strepitare in berbero contro chi le capitava davanti, e dal tono delle sue parole sembrava che stesse maledicendo la nuova arrivata. Tornando dal bagno, se la ritrovarono davanti con l'occhio sinistro che pareva vibrasse come l'ala di un volatile. Pazzesco, sembrava una parente stretta di sua madre. Stesso tic nervoso. Una coincidenza a dir poco sconcertante. La signora poteva avere all'incirca sessant'anni. Il velo le incorniciava un viso minuto, scuro e solcato da una ragnatela di rughe profonde, con due occhi neri vispi come gatti randagi, e un naso aquilino abbastanza pronunciato. Indossava una tunica di color turchese e oro ai bordi, molto femminile ma anche dissonante rispetto a quel suo modo di fare decisamente mascolino.

«Questa ragazza...», disse rivolgendosi a Jamil puntandole l'indice sullo sterno «non deve stare qui con noi. Riportala al suo paese. Questo non è posto per lei», concluse, guardandola con lo stesso sdegno con cui un musulmano guarderebbe una donna in topless alla Mecca.

Adelina abbassò gli occhi imbarazzata mentre Jamil, cingendola dai fianchi replicò: «Adelina è mia moglie mamma. Ci siamo sposati in Italia, e siamo venuti qui per restarci. Che vi piaccia o no è così! Punto».

«Tua moglie?», replicò sua madre scagliando un pugno contro il muro. Questo subì un contraccolpo talmente forte, che uno dei cuscini della tavola poggiato alla parete, vibrò e poi ruzzolò sul tappeto.

«Oh Allah, min kul!», disse rivolgendo gli occhi al cielo.

Gli uomini presenti assistettero al diverbio fingendo di non interessarsi alla faccenda. Le cognate si scambiavano sguardi furtivi mentre finivano di portare il cibo in tavola. Said invece non proferì alcuna parola. Se ne stava silenzioso al suo posto a tavola come un pascià in attesa di essere servito.

«Ma come hai potuto farci questo? Hai infangato il nome della nostra famiglia e quella della povera Hanan», gli urlò la madre spingendolo verso la porta furibonda, poi si defilò dalla stanza invocando con molta enfasi ancora Allah. Adelina si rifugiò, come un uccellino ferito, nel petto di Jamil. Era delusa e confusa allo stesso tempo. Quello che aveva visto e sentito a intuito l'aveva mortificata e fatta sentire un ingombro. Si era abbandonata al calore delle braccia di lui, da pochi attimi, quando sentì la signora tornare all'attacco.

«Hanan ti ha aspettato per tutti questi anni», disse risentita rivolgendosi a Jamil tenendo in mano la foto della ragazza. «E tu che fai? Ti presenti sposato con... questa occidentale!», indicando Adelina con occhi roventi. «Disonesto, sei un disonesto», concluse gettandogli la foto addosso.

Adelina intervenne. Non aveva idea di cosa stesse per dire o fare, ma qualcosa in lei scattò e agì d'impulso. Provò a prenderle la mano, ma la suocera la ritrasse come se fosse infettata di una qualche malattia mortale.

«Signora, io...», le disse rivolgendole per la prima volta la parola in lingua francese, «io sono...», balbettava, un po' per l'emozione e un po' per la paura che quella donna le faceva. Le cognate si allontanarono come se qualcuno le stesse per far fuori. I loro volti erano terrorizzati. Qualcuna prese di corsa suo figlio e si dileguò in cucina. Qualcun'altra uscì fuori dicendo che serviva dell'acqua.

«Taci, ragazza», le ordinò guardandola come se al posto degli occhi avesse due trapani. Adelina prese fiato e coraggio, quindi proseguì facendo ping pong con il suo sguardo.

«Signora, mi ascolti la prego...», dandosi una sistemata veloce al velo.

«Taci ti ho detto!», le urlò in dialetto berbero sputacchiando di rabbia decine di goccioline di saliva che finirono dritte sul suo viso, come un nebulizzante emolliente. Adelina non capì quasi nulla di tutto ciò che le urlò in faccia ma lo sguardo sdegnoso e irato della suocera era stato ancor più eloquente di qualsiasi traduttore automatico. Travolta da una vampata di amarezza si arrese e non aggiunse altro. Adelina provò così il suo primo inatteso dispiacere in terra marocchina. L'attendevano tempi duri e bollenti, ma non di certo per il caldo.

«Mia moglie rimane qui con me mamma. Prima ti abitui all'idea meglio sarà per tutti», intervenne Jamil per frenare la sua ira. «Parlerò al padre di Hanan e chiarirò tutto con lui». Lei tacque, e dopo averli fulminati con un'occhiataccia tornò in cucina.

Cenarono tutti insieme, bambini esclusi. Questi ultimi erano stati sistemati in una stanzetta a parte. Per tutta la durata della cena, le donne tennero lo sguardo basso sul loro piatto, mentre gli uomini masticarono rumorosamente lanciando di tanto in tanto sguardi furtivi ai nuovi arrivati. Jamil, per sdrammatizzare il silenzio che regnava in quella stanza piena di gente, parlava con Adelina delle regole berbere da osservare rigorosamente a tavola. Andò tutto bene fino a quando lei afferrò con la mano sinistra un pezzo di pane. All'istante gli occhi disgustati di tutti i commensali si levarono su di lei. Li colse tutti, uno per uno, e rimase con il pane a mezz'aria cercando di capire cosa avesse fatto di sbagliato. Guardò Jamil, in cerca di salvezza.

Lui le sorrise togliendole il pezzo di pane dalla mano. Le spiegò quindi che prendere il cibo con la mano sinistra è vietato, in quanto per i musulmani la mano sinistra è destinata all'igiene personale, perciò è considerata impura.

«Ah!», esclamò lei, «ma guarda un po'. Non me lo avevi mai detto».

«In Italia non serviva dirtelo».

«Asif, asif», si scusò alzando gli occhi su tutti, mentre Jamil allontanava il pezzo di pane dalla tavola come se fosse una bomba a orologeria.

Scampato il pericolo, ripresero tutti a cenare in rigoroso silenzio. Adelina notò per caso che Fatima, una delle cognate, ridacchiava di lei come se fosse la Bridget Jones di Merzouga e le rispose strizzandole l'occhio. Intanto fuori era scesa la sera e con essa anche la temperatura. Alla fine della cena avevano tutti lo stomaco allegramente pieno, e il volto sconvolto. Le donne sparecchiarono la tavola, Adelina esclusa. Gli uomini invece fumarono la shisha davanti l'uscio di casa, Jamil escluso.

Visto come erano andate le cose, a quel punto Adelina desiderava solo una cosa; andare a dormire e cercare di insabbiare il più in fretta possibile l'epilogo deludente di quella giornata memorabile.

Capitolo 28

Trascorsero solo pochi giorni e già la notizia del matrimonio di Jamil con una cristiana si era diffusa oltre i confini di Merzouga.

Jamil ha sposato una donna di mal costume... Lo hai saputo? Che Allah sia misericordioso con lui. E ancora. *Si dice in giro che Jamil sia tornato dall'Italia molto cambiato. Pare che addirittura abbia sposato un'infedele occidentale... Chissà che dolore per la sua famiglia. Non vorrei essere a loro posto. Che Allah li conforti e li assista.*

Adelina con il trascorrere dei giorni cominciò a sentirsi sempre più smarrita. Trascorreva intere giornate in solitudine assorta nella contemplazione del soffitto, oppure in un angolo della casa a osservare le cognate impegnate con i loro figli e nei mestieri. Nei momenti più tristi le sembrava di sentire la voce di sua madre dirle: 'Adelina vita di mamma tua, ma cosa hai fatto? In quale guaio ti sei cacciata stavolta'. Ma non voleva pensare a lei. Doveva invece riflettere su come risolvere quella situazione a dir poco assurda per essere l'inizio di una nuova vita. Una cosa era certa. Non l'avrebbe subita a lungo. Soccombere non era nelle sue corde, non lo era mai stato e non lo sarebbe stato adesso.

Jamil intanto usciva tutti i giorni a cercar lavoro e anche se stava incontrando difficoltà inaspettate non desisteva. La notte prima, in preda a un attacco di insonnia, si era ricordato di un suo caro amico che lavorava presso un cantiere edile. Si chiamava Mustafà. La mattina seguente andò a trovarlo.

«*Salam Ealaykum,* Mustafà».

«*Ealaykum Salam* Jamil. Ben tornato!». Rispose l'amico, felice di rivederlo.

In quel momento il cantiere edile, in cui Mustafà lavorava, era un covo di polvere e gente che andava e veniva come in un formicaio in piena attività.

«Quindi è vero quel che si dice in giro. Sei tornato!».

«Sì certo, Mustafà. Sono tornato per restare», rispose Jamil, schivando un pezzo di legno che cadeva dal primo piano dell'edificio in costruzione.

«Per restare? Restare qui? A Merzouga? Tu?», chiese l'amico con tono sorpreso mentre si piegava sul pezzo di legno caduto. Lo prese e lo gettò lontano. «Strano!», commentò sollevandosi.

«Cosa ci trovi di così strano? È ancora casa mia questa. La mia terra», replicò Jamil porgendogli una paletta che lui gli aveva chiesto facendogli un cenno del capo.

«Si dice in giro che ti sei convertito al Cristianesimo, che mangi carne di maiale, bevi alcolici, e preghi occasionalmente esattamente come un...», Mustafà fece silenzio, poi gettando una manciata di cemento su un mattone proseguì, «...come un occidentale».

«Ma cosa dici Mustafà. Non è vero niente!».

«No? Ma hai sposato una donna cristiana. Giusto?».

«Sì, e allora?».

«Allora caro il mio muhandis muemari 'architetto' qui non avrai vita facile», replicò dandogli una generosa pacca sulla maglia blu.

Jamil si voltò verso quell'enorme impronta bianca che gli aveva lasciato e rimase in silenzio perplesso.

«Ma dimmi un po'!», proseguì l'amico aggiungendo mattone su mattoni, «che sei tornato a fare? Merzouga, non è più posto per te», enfatizzò ancora una volta con lo stesso tono sarcastico di poco prima.

«E perché no scusa?».

«Oramai qui tutti ti considerano diverso... insomma, come dire...», sembrava che non trovasse le parole giuste, «troppo intellettuale rispetto a noi che siamo tutti povera gente ignorante, ecco!».

«Ma che sciocchezza è questa?», ribatté subito.

«E non solo questo».

«Cos'altro?», chiese Jamil facendo un lungo sospiro carico di pena.

«Se non lo hai ancora capito, la nostra gente ti considera un traditore, Jamil».

«Ma che discorsi sono questi Mustafà?».

«I discorsi della nostra gente, caro Jamil. Non i miei, te lo assicuro. Io ti voglio bene e non mi importa se ti sei laureato e chi hai sposato. Ma non tutti la pensano come me. Lo sai come è la gente qui». Jamil, annuì incredulo «Volevo solo metterti in guardia ecco tutto».

Jamil rimase per un po' in silenzio in mezzo a tutto quel trambusto di urla, sabbia, sudore, polvere, cemento e movimento. Poi, mentre Mustafà urlava al muratore del secondo piano di sbrigarsi, si avvicinò all'amico e prima di andar via gli disse: «beh... se ti capita, dì alla nostra gente che non soltanto mia moglie si è convertita all'Islam e prega cinque volte al giorno come si conviene a una musulmana, ma che io non ho mai smesso di pregare Allah. Sono sempre rimasto fedele alla nostra religione. Sempre! Mi sarò laureato è vero, ma sono rimasto il Jamil Alamà di sempre. Diglielo Mustafà, diglielo!».

«Jazak Allahu Khairan». Che Allah ti ricompensi Mustafà.

«Baraka Allahu fick». Che la benedizione sia su di te Jamil. Gli augurò l'amico prima di tornare a urlare ai suoi lavoranti meno volenterosi.

Jamil andò via, sentendosi sul cuore un macigno che gli toglieva il respiro. Si era anche scordato che una delle ragioni per le quali era andato a trovare il suo amico, era di chiedergli un lavoro.

Quando Jamil le raccontò della conversazione con Mustafà, Adelina stentò a credergli. Sembrava che ovunque andassero e qualsiasi cosa facessero lo stigma li pedinasse: erano la pazza e l'extracomunitario barra terrorista in Italia, e l'occidentale cristiana e l'infedele in Marocco. Erano entrambi basiti.

«Jamil, non voglio vederti così abbattuto», gli disse mentre allontanava una mosca che si era poggiata sul suo naso.

«Dobbiamo lottare, dobbiamo fare tutto ciò che ci è possibile per cambiare le cose. Perciò bando alle tristezze e via all'azione...». Eccola la prima cosa che lei doveva fare: incoraggiare Jamil.

«Al momento non so come fare *habibi*. Per la mia gente non sono più quel Jamil, che è partito molti anni fa. Mi vedono con occhi diversi... capisci? Non so come spiegarti».

«Sì, invece ho capito perfettamente Jamil», lo interruppe lei, «è come se aver conseguito la laurea ed esserti sposato con una donna straniera e cristiana, sia stato per loro un oltraggio alle vostre tradizioni, un offesa alle loro aspettative e chissà a cos'altro ancora».

«Esatto».

«Troverai, mi correggo, troveremo, una soluzione vedrai. Converrai con me che non possiamo andar via anche da qui Jamil, almeno non subito, perciò tesoro mio esci e vai a cercar lavoro a testa alta. Vedrai *Allah Akbar*».

Capitolo 29

Trascorse qualche giorno ancora. Adelina si rese conto che indossare il velo non le sarebbe bastato, come del resto pregare cinque volte al giorno, mangiare con la mano destra, togliersi le scarpe prima di entrare in casa, fare il digiuno nel mese del Ramadan, e non truccarsi. Occorreva fare qualcosa di più incisivo che quantomeno la tirasse fuori da quel limbo di passività nel quale sopravviveva ormai da giorni. Casualmente la notte seguente i suoi neuroni si attivarono su un brandello di conversazione che aveva avuto con il dottor Freni.

Egli a proposito dei cambiamenti le aveva detto: «Adelina cara, se ti accorgi di stare seguendo la rotta sbagliata devi cambiarla prima che sia troppo tardi. Prima che la nave affondi. Sii la comandante della tua nave soprattutto nella tempesta. Per riuscirci dovrai essere lungimirante e creativa. La prima regola del cambiamento nella vita è quella di porsi nuovi obiettivi, nuove rotte. Se in tal modo il cambiamento non dovesse realizzarsi, allora dovrai cambiare ogni giorno qualcosa che fai tutti i giorni. A poco a poco il cambiamento di rotta sarà inevitabile, e un porto sicuro sarà già in tua attesa».

Trascorse il resto della notte rannicchiata sul petto di Jamil, mentre quel frammento di conversazione acquistava in lei significati che avevano sempre più il sapore di una nuova sfida. Adesso doveva capire cosa cambiare, quando e come.

Adelina si era alzata alle prime luci dell'alba per far due passi nei dintorni della casa. A quell'ora la natura circostante era dormiente e silenziosa. Una calda sfumatura di rosato colorava il piccolo paese all'orizzonte. Intorno alla casa dominava il silenzio del deserto rotto soltanto dai sibili delle zanzare e dal bramito di alcuni cammelli pronti a incamminarsi verso il grande Sahara. Far due passi a quell'ora del mattino le dava sempre delle belle sensazioni. Era come se l'aria fresca e il cielo limpido le ripulissero l'anima dai brutti ricordi del passato. In Italia avrebbe pagato ingenti somme di denaro per godere di quella pace, e ora? Ora ne aveva quanta ne voleva. Era ricca di silenzio.

Gironzolando nei dintorni della casa si ritrovò presto dinnanzi al pollaio. Era gremito e rumoroso come una città all'ora di punta. Osservare le galline mentre razzolavano e facevano i bagni di sabbia era una delle poche cose che trovava divertenti di quel luogo piuttosto arido. Strano a dirsi, ma furono proprio quelle simpatiche creature a offrirle la prima soluzione che cercava da giorni.

«Le hai già dato da mangiare?», sentì domandarsi da una voce gentile alle sue spalle. Si voltò sollevandosi sulle ginocchia.

«Sì, Said», allungando il suono della i come l'eco dell'allegria.

«Shukran Jazilan», grazie mille. Le rispose l'uomo ricambiando il sorriso.

Tornando verso casa avrebbe parlato subito con Jamil. Si sentiva felice. Per la prima volta un membro della famiglia Alamà, le aveva rivolto la parola e le aveva anche sorriso ringraziandola.

«Cosa hai detto che farai?», le chiese Jamil, con tono interrogativo dopo essere stato svegliato bruscamente nel pieno del suo sonno.

«Sì, hai capito bene», replicò lei bisbigliando. «Ho deciso. Da oggi non aspetterò più come una bella statuina che il tempo mi aiuti a farmi accettare dalla tua famiglia.»

«Cosa vuoi dire? Non capisco», replicò lui chiedendole di abbassare la voce.

«D'ora in avanti la mia regola sarà: fare, fare e ancora fare. Capisci cosa voglio dire?». Lui si sollevò dal cuscino e dopo aver sbadigliato a lungo con gli occhi ancora impastati dal sonno le rispose.

«No. Fare cosa?».

«Da oggi farò semplicemente tutto quello che fanno loro», disse gettando uno sguardo verso le donne che dormivano accanto ai loro figli e i loro mariti nella stessa stanza, «non starò più in un angolo della casa ad aspettare che mi rivolgano la parola, e che per miracolo mi accettino. Sarò invece io a parlare con loro con pretesti o semplici richieste. Baderò ai loro piccoli, laverò i panni, e mi farò anche insegnare i segreti della cucina berbera.»

«Pensi che tutto questo servirà a qualcosa?».

«Ma certo che sì. Vedrai. Dimostrerò alla tua famiglia di essere una moglie responsabile, una signora perbene e di cui esser fiera».

Lui annuì a lungo, mentre continuava a strofinarsi gli occhi dal sonno, sempre meno convinto di quell'idea.

«Ce la farò Jamil, vedrai come è vero Allah, che io ce la farò. Vincerò. Questa battaglia, la vincerò».

Si adagiò poi sul letto sospirando.

La stessa mattina Jamil uscì nuovamente a cercar lavoro, e lei si mise all'opera sotto lo sguardo meravigliato delle cognate, e quello infastidito della suocera. Spazzò, riordinò cucina e cassetti, stese i panni, raccolse le uova nel pollaio, diede da mangiare agli animali, lavò i tappeti, intrattenne i bambini con girotondi e filastrocche, ripulì le pentole incrostate e stirò i capi puliti.

In quella piccola casa alle porte del deserto del Sahara, la sua immagine vista dall'esterno, incarnava perfettamente la figura di Cenerentola. Le mancava soltanto la spazzola da pavimento, per potersi conquistare il titolo di Cenerentola di Merzouga.

Pochi giorni dopo, a ogni calar del sole si sentiva a pezzi come un soldato in marcia da giorni. Sopportava il caldo marocchino quanto un eschimese trapiantato nel deserto. Accusava inoltre frequenti mal di stomaco, insonnia e repentini cali di pressione, che la costringevano a fare delle lunghe pause. Si oppose alle cure mediche. Il pensiero di dover incontrare un qualsiasi camice bianco, la metteva in agitazione. Nonostante l'impegno profuso, continuava a sentirsi per tutta la famiglia una sciagura pari a una tempesta di sabbia.

Qualche settimana dopo entrambi dovettero ammettere che purtroppo la loro nuova vita non era quella che avevano desiderato. Si stavano confrontando – anche se a livelli differenti – con l'inevitabile divario tra mondo arabo e mondo occidentale. Arabi e occidentali, due mondi due realtà. Due culture contrapposte, come il bianco e il nero. Il dolce e l'amaro. Il polo nord e il polo sud. Aveva proprio ragione il dottor Freni.

Capitolo 30

Genova, due settimane prima

Quando Jamil uscì dall'ambulatorio, Adelina non aspettò un solo secondo per dire la sua.

«Dottore lo so, lo so ciò che sta per dirmi», scuotendo il capo e le mani. «Che sto facendo una scelta azzardata, impulsiva e per disperazione... Beh, probabilmente è come dice lei ma io lo voglio dottore. Lo voglio con tutta me stessa. Amo profondamente il mio ragazzo e voglio seguirlo».

«Adelina cara, l'amore non ti salverà. Lo capisci o no?».

«Da cosa non mi salverà?».

«Da tutto ciò a cui vuoi sfuggire! Mi riferisco alla malattia, allo stigma della malata, a tua madre...». Il tono di voce del dottore a quel punto cambiò. Divenne morbido, sommesso quasi implorante. «Adelina, non è cambiando cielo che risolverai i tuoi dilemmi. Dammi retta, resta a Genova e affrontali come hai sempre fatto; con coraggio e a testa alta...».

«Dottore, non posso, mi creda. Sono troppo stanca e poi...», abbassò lo sguardo sulle sue mani incerta se parlare o tacere.

«E poi cosa? Cos'altro c'è?», la sollecitò lui.

«Jamil. Povero ragazzo mio, sapesse».

«Cosa gli è successo? Dimmi».

«Anche lui, come me, è vittima di questa società bigotta in cui viviamo. Nelle ultime settimane ho assistito a scene davvero raccapriccianti, mi creda. Avrei ammazzato quella gente che lo ha vessato pubblicamente e ingiustamente. Non so come spiegarle dottore, ma sento il bisogno di proteggerlo e di proteggermi da questa società di merda... Scusi il mio linguaggio scurrile», chiese perdono portandosi una mano al cuore con evidente imbarazzo.

«Raccontami...», le chiese posando le spalle sulla sedia.

«Lo hanno offeso dandogli dell'extracomunitario buono a nulla, terrorista e tanto altro che non sto qui a elencarle». Il dottore annuì dispiaciuto mentre lei proseguiva. «Adesso si rende conto di quanto sarebbe difficile, per noi, continuare a vivere in Italia?».

Dal suo silenzio accigliato sembrava che stesse iniziando a riconoscere del buon senso in quel loro progetto di fuga. Tuttavia continuava a non condividere la maniera e il luogo che avevano scelto.

«È inaccettabile che il colore della pelle o l'etnia di una persona costituisca ancora oggi nel XXI secolo l'assurdo pretesto per offendere una persona e ledere la sua dignità», proseguì lei rompendo il silenzio.

«Beh, avete ragione. Tuttavia non posso non pensare al detto: "Tutto il mondo è paese».

«Che vuole dirmi?».

«Fai attenzione, presto si potrebbero invertire i ruoli». Adelina si rattristò cercando di dar senso a quelle parole.

«La sua gente potrebbe, e sottolineo potrebbe, non accettarti e giudicarti per decine di ragioni. Prima fra tutte la religione. Tu sei una cattolica cristiana, loro musulmani».

«Affronterò ciò che il destino mi riserverà», replicò decisa. «Ma su una cosa mi deve dar ragione».

«Dimmi».

«In Marocco non sarò per nessuno 'la matta'», sottolineò picchiettandosi la tempia con l'indice.

«Sì, su questo punto hai proprio ragione», le sorrise il dottore oscillando il capo. «Ma fai attenzione, l'essere considerata matta potrebbe essere il male minore».

«No! Dottore», rimarcò forte e chiaro lei, «le assicuro che non c'è di peggio per me. A parte la voce di mia madre naturalmente».

«Beh, non ti posso dar torto». Sorrisero finalmente d'accordo su una cosa.

Prima di far rientrare Jamil lui le disse: «Ricordati Adelina che si può sempre tornare indietro. Se le cose dovessero andare male, torna a casa».

Capitolo 31

La suocera vietò alle sue nuore di rivolgerle la parola, eccetto per quando fosse necessario ammonirla. Fortuna vuole che anche in Marocco, talvolta il piacere di un divieto sta proprio nel non rispettarlo. Le ragazze a poco a poco cominciarono ad aprirsi ad Adelina ricambiando qualche timido sorriso. Un inatteso raggio di sole iniziò a scaldare le sue speranze soprattutto quando queste incominciarono, di loro iniziativa, a mostrarle come preparare il pane, il cous cous e le conserve. E ancora, come indossare il velo nelle varie occasioni, come parlare a un uomo, guardare e muoversi in pubblico. Tutte dimostravano molti più anni di quelli che avevano. Sembravano molto rilassate, ma bastava poco, come per esempio il capriccio di un bambino, per trasformare la loro calma in scatti rabbiosi. Il velo che indossavano metteva in risalto volti segnati da un'adolescenza rubata. Una vita di donne già vissute, anche se di fatto non avevano esperienze diverse dai fornelli, e dall'ubbidienza massiccia al marito o alla suocera. I loro sorrisi erano come candele consumate e le loro palpebre sembravano pesare come macigni. Quando finivano le attività domestiche, si dedicavano alla lavorazione dei tappeti destinati alla vendita.

La produzione avveniva tutti i giorni in una stanza adiacente alla casa, dove suocera e nuore si sedevano o si inginocchiavano disposte a triangolo: tre davanti, due dietro e la serpe sulla punta. In tal modo poteva sorvegliare le ragazze senza doversi allontanare dal suo telaio. La stanza prendeva luce da una grande finestra rettangolare, coperta da una tendina corta in cotone chiaro. Agli angoli delle pareti bianche, vi erano ammucchiati grossi gomitoli di lana di scarto e color giallo zafferano, rosso papavero, blu cobalto e arancione curcuma. Alle spalle della serpe, c'erano invece decine di tappeti accatastati in maniera ordinata, pronti per la vendita. Durante la lavorazione, nessuna osava fiatare. Sembravano tutte belle statuine dotate solo del movimento delle mani sui loro telai. Questi ultimi erano esattamente come Adelina se li aspettava dopo averli visti, qualche anno prima, in un documentario sui berberi. Piuttosto grezzi fatti soltanto di due assi longitudinali e due trasversali (superiore e inferiore) sui quali venivano fissati in verticale fili tesi di lana bianca – detti ordito – ai quali si aggiungevano poi i fili di trama, disposti invece in orizzontale. La loro maestria stava nell'inserire nell'ordito una spoletta, che passando da un lato all'altro del telaio, srotolava il filato colorato. Questo infine veniva battuto dal pettine con un movimento deciso per avvicinarlo alla trama, così riga dopo riga nasceva un tappeto.

A turno, una di loro poteva allontanarsi dalla stanza per andare in bagno oppure per preparare il tè alla menta per tutte, e controllare che i bambini stessero bene sotto la stretta vigilanza di una vicina. Centellinare un buon tè, era l'unica pausa di piacere concessa a quella catena di montaggio umana monitorata duramente.

«Che meraviglia! Questi tappeti sono dei capolavori», aveva esordito Adelina entrando per la prima volta in quella stanza con l'aria di chi approda nel paese delle meraviglie. Rapita dalla sua curiosità quanto dalla sorpresa, dopo aver sbirciato a passo felpato fra i telai, si era inginocchiata accanto a Layla e l'aveva osservata per una decina di minuti in religioso silenzio. Il silenzio era rotto soltanto dai telai in lavorazione che creavano un suono simile a quello di porte in legno che sbattono. La cognata tesseva un tappeto con grandi losanghe marroni su uno sfondo color crema. Un genere di tappeto conosciuto con il nome di *Beni Ourain,* che insieme ai coloratissimi *Azilal,* costituivano le due tipologie di tappeti che la famiglia Alamà produceva. La realizzazione dei tappeti avveniva dodici mesi su dodici, per almeno cinque ore al giorno.

L'indomani Adelina non riuscì però a trattenere la sua curiosità e ruppe il silenzio.

«Layla, dimmi un po'. I disegni che realizzate sui tappeti, hanno dei significati particolari? Vedo che sono tutti molto diversi!».

La ragazza le rispose quasi sussurrando. Non voleva che la suocera si infastidisse del loro chiacchiericcio. Le avrebbe urlato a squarciagola e Layla diceva sempre che le urla disturbano il cuore.

«I disegni dei tappeti *Azilal* rappresentano la nostra semplice vita Andrellina», replicò distorcendo il suo nome.

Poi approfittando del fatto che la suocera fosse uscita, a vedere per quale motivo il loro cane abbaiasse come un ossesso, le rispose con dovizia di particolari, alzando un po' il tono della voce. Nella stanza si sollevò subito un leggero vociare liberatorio, che riecheggiò tra i telai. Layla si alzò e tornò da lei con in mano un tappeto di piccole dimensioni.

«Vedi questo *Azilal*?», le disse invitandola a lisciarlo con il dorso della mano. Adelina non aspettava altro, quindi si fiondò subito con entrambe le mani.

«È meraviglioso!», esclamò sgranando gli occhi su ogni singolo dettaglio. Lo sentì morbido al tatto come il pelo di un peluche, caldo e vellutato come una coperta in ciniglia.

«100% lana pura e senza coloranti...», precisò con una punta di orgoglio la cognata. Il tappeto era un tripudio di colori vivaci, figure geometriche, e fiori stilizzati incastonati in disegni geometrici dal sicuro effetto ottico, su uno sfondo bianco latte.

«Quindi cosa dicevi a proposito dei significati?», le chiese mentre scrutava il retro del tappeto che sembrava reversibile.

«Essi narrano la storia della donna che lo ha tessuto. La nostra storia personale Adellina», concluse la ragazza rimettendo tutto a posto, tornando al suo telaio.

«Ma dai!», commentò lei mentre continuava a osservare affascinata il movimento delle sue mani sul telaio.

«Vuoi dire che ogni vostro tappeto è una sorta di autobiografia? Un diario segreto? Un racconto narrato attraverso simboli e disegni non decodificabili? Insomma un libro che poi diventa tappeto di casa?».

«Sì, è proprio cosi. Ma può anche diventare altro sai? Un arazzo, un letto, una coperta», precisò Layla con l'aria fiera di chi stava insegnando qualcosa alla cognata occidentale.

Adelina rimase senza parole come poche volte le era accaduto. *Ma il dottor Freni saprà che è possibile leggere la mente umana anche attraverso i tappeti? Dovrò informarlo al più presto di questa mia splendida scoperta,* pensò guardandosi ancora intorno.

«Riecco la serpe», disse alla cognata.

«La serpe?», replicò Jala, seduta accanto a Layla, mentre ridacchiava per quel soprannome azzeccato.

Le tre cognate continuarono a scambiarsi sorrisi e brevi frasi in berbero, che via via divennero interessanti chiacchierate, soprattutto con Layla, una piccola berbera di appena diciotto anni. Non aveva mai oltrepassato i confini di Merzouga, ma non manifestava apertamente curiosità per il mondo esterno. Diceva che non si può avere curiosità e rimpianto di ciò che non si conosce, e perciò si accontentava delle cose che conosceva. Era una ragazza molto timida. Parlava solo sussurrando, e quando sorrideva si copriva spesso la bocca con la mano arricciando il naso. Le sue mani erano tozze e robuste come il suo naso, ma tra i fili del telaio si muovevano leggere come ali di farfalla. Quando aveva solo quattordici anni, i suoi genitori la diedero in sposa a Mohamed, uno dei fratelli di Jamil perché – si diceva – che qualche tempo prima di sposarsi avrebbe sorriso a un giovane verduraio che tutte le mattine passava davanti casa sua per vendere la mercanzia. A suo padre era bastato soltanto il dubbio che tutto ciò fosse vero, per darla immediatamente in sposa. Layla, perciò, come molte donne del posto per un ingenuo sorriso ricambiato, aveva corso il rischio di essere considerata una lurida prostituta e quindi di rimanere zitella per sempre. Del verduraio innamorato, le era rimasto soltanto un fiore ormai appassito, che all'epoca dei fatti lui le aveva fatto consegnare da un bambino di strada. Come in seguito le raccontò.

L'atmosfera di controllo non cambiava neanche quando al tramonto rientravano gli uomini. Riverenza e sottomissione, si consumavano sotto gli occhi perfidi della serpe. Layla e le altre cognate, non osavano nemmeno fiatare. Tenevano lo sguardo basso sui loro piedi e a ogni comando ricevuto rispondevano entro e non oltre una manciata di secondi. Gli uomini lavoravano tutti nell'agricoltura. Jamil, rispetto al temperamento duro e maschilista dei suoi fratelli, sembrava essere una splendida pietra preziosa su un pavé di pietre rocciose.

Capitolo 32

Mentre Adelina cominciava a essere più positiva, Jamil cominciava a demoralizzarsi. In quelle poche settimane già trascorse aveva bussato a molte porte, implorato un lavoro a giovani e vecchi, locali e non. Ma nessuno fino a quel momento gli aveva offerto una chance. Le dicerie sulla sua presunta infedeltà ad Allah, erano un biglietto da visita per nulla vantaggiose. Aveva perfino proposto a un capo cantiere un periodo di lavoro volontario, per farsi conoscere, e magari farsi assumere in un secondo momento. Bocciata anche quella proposta. Aveva provato a inventarsi un nuovo lavoro, reinventandosi i tappeti in stile fusion style destinati all'export in paesi super moderni come il Giappone e la Corea oppure in paesi come Helsinki e la Russia. La serpe aveva però detto un tagliente "no" e stracciato i suoi bozzetti, frutto di notti di lavoro, gettandoli nel braciere.

Una mattina come tante, Jamil stava riponendo dentro una cassapanca alcuni tappeti da consegnare a un commerciante, quando gli si avvicinò la madre. Questa, senza troppi giri di parole gli disse in tono deciso.

«Adelina è un nome occidentale e non si addice alla nostra rispettosa famiglia. Devi darle un nome degno di una moglie musulmana».

Jamil si sollevò voltandosi verso di lei. «Scordatelo! Non se ne parla! Mia moglie si chiama A D E L I N A», rimarcò a voce alta scandendo una a una le lettere sul viso contratto di lei.

«Non mi sfidare Jamil, non ti conviene», disse puntandogli l'indice sul naso.

«Qual è il problema? Il suo nome non ti piace?», proseguì con tono sprezzante mentre rimpinzava la cassapanca che stava per esplodere. «Mia moglie...», ripeté ancora «si chiama Adelina, e cosi continuerà a chiamarsi. Punto. Stop. Fine. Nihayat alkhitab!», concluse sferrando un calcio alla cassapanca.

Vista la tenacia con cui lui difendeva la moglie, spazientita e con l'occhio in preda al solito tic nervoso, lo afferrò per un braccio e lo trascinò in un angolo della stanza dove nessuno poteva sentirli.

«Jamil, devi farlo. Mi hai capito? Non voglio più ripetertelo, altrimenti...», la donna si arrestò quando vide avvicinarsi una delle cinque nuore. Questa impaurita dai loro occhi sgranati, si defilò in punta di piedi.

«Altrimenti cosa?», gli chiese Jamil divincolandosi dalla morsa della sua mano. Lei non gli rispose e lui se ne andò sbattendo la porta.

Camminò per un po' lungo un dedalo di stradine lunghe e strette. Racchiuse la testa tra le mani dandosi dieci, cento, mille volte dello stupido, poco lungimirante. *E ora?* pensò poggiando le spalle sotto l'ombra di una palma che un tempo era stata meravigliosa. *Come farò ad andare avanti? Come farò a proteggerla da tutto questo cumulo di arretratezza e insensate prese di posizioni? Ho paura. Paura che lei possa soffrire e patire umiliazioni ancora più dolorose di quelle da cui è fuggita. Paura che possa ricadere nella sua malattia. Oh Allah dimmi tu come fare, io non lo so proprio!*

Tornò dentro e dopo un lungo sospiro carico di pena parlò a sua madre.

«Ok, hai vinto tu mamma... farò cambiare nome a mia moglie, ma in cambio tu dovrai, e ripeto dovrai, essere più gentile con lei».

«Per ora mi basta che cambi il nome a quella cristiana... *Al hamdu li Llah*», blaterò ringraziando Allah.

«Non capisco come fai a sperare che il grande Allah, ascolti le tue preghiere mamma. Dovresti solo vergognarti di essere una musulmana. Allah non farebbe mai del male a una ragazza innocente. Allah ama le sue creature, non le classifica come se fossero buoni o cattivi, giusti o sbagliati. Siamo tutti essere umani mamma. Tutti», concluse rammaricato allontanandosi da lei.

Sembrava che nulla stesse andando per il verso giusto. Da un lato c'erano le continue ed estenuanti tensioni in famiglia e dall'altro quel contesto intorno ogni giorno più ostile e poco ospitale. A rendere tutto questo ancor più gravoso, vi era il fatto che Jamil non trovasse lavoro e i soldi – quelli che gli aveva donato Abdul – stavano ormai per finire.

Capitolo 33

Il giorno dopo parlò con Adelina. Non voleva ma doveva. Si affidò ancora una volta ad Allah. Lei stava lavando una montagna di verdure che sarebbero servite per la cena di tutta la famiglia. Sorrideva e sembrava serena. La cinse dai fianchi e le sussurrò all'orecchio che l'amava.

«Arrivi giusto in tempo...», gli disse con tono allegro, mettendogli davanti gli occhi una patata da pelare.

«*Habibi* devo dirti una cosa che non ti farà piacere».

«Non ti piace come pulisco le verdure?», replicò lei voltandosi verso di lui.

«Le mangerei anche sporche se me lo chiedessi», le rispose lui ironizzando. Poi prese fiato e parlò velocemente. «Mia mamma, vuole che tu prenda un nome arabo, ovviamente non nei documenti ufficiali».

Lei lo scrutò con aria interrogativa e un po' accigliata.

In preda all'ansia di ferirla aggiunse. «Mi dispiace *habibi,* ma sarebbe meglio non contraddirla. Sai lei ci tiene a certe usanze e sta facendo un grande sforzo per accettare il nostro matrimonio. Chissà forse se potrà rivolgersi a te con un nome della nostra tradizione, le verrà più semplice». La guardò con molta attenzione mentre il cuore gli bussava al petto con veemenza.

Adelina si voltò di scatto verso di lui e spalancò gli occhi sorridendo come se le avesse appena detto che Jovanotti era a Merzouga per un tour nel deserto e voleva conoscerla. Poi scoppiò in un raggiante.

«E vai!», alzando i pugni in aria. «E come mi chiamerò?», gli chiese lanciando una carota verso l'alto come un giocoliere felice. «Tua madre ha deciso anche questo?», domandò con tono divertito.

«No! Lo sceglieremo insieme. Ma adesso parliamo d'altro, Adelina. Penseremo a questo domani», concluse lapidario, gonfio ancora di rabbia verso sua madre ma allo stesso tempo un po' meno preoccupato, mentre preparava il fuoco per la pentola d'acqua.

«No, perché aspettare domani?».

Adelina era letteralmente elettrizzata. In fondo, non era scappata dall'Italia per avere un'identità diversa? Per cambiare cielo, aria e vita? L'idea di Fatima era per lei un'idea geniale. La migliore che potesse farsi venire. Ma per Jamil non era affatto così. Per lui, l'iniziativa di sua madre aveva ben altri significati. Significava che di lei non piaceva nulla, che la sua famiglia continuava a non volere quel matrimonio, quel rapporto e quella ragazza in casa loro. Comunque, sollevato dalla sua reazione, mentre poggiava il pentolone pieno d'acqua sul fuoco, le rispose con i primi due nomi che gli vennero in mente.

«Faiza o Fatima?», ripeté lei poggiandosi il dito indice sul mento con l'espressione di chi sta decidendo cosa indossare a cena: gonna o pantaloni? Jamil le fece un cenno con il capo, indicandole la porta d'uscita. Lei quindi si tolse il grembiule e uscirono a far quattro passi. Fuori un sole rovente faceva boccheggiare anche la sabbia.

«Spiegati meglio, perché Fatima o Faiza?», chiese incuriosita camminando lentamente mano nella mano verso il fondo della stradina.

«Fatima, secondo la tradizione musulmana è la figlia del profeta Maometto. È un nome molto bello, e anche molto diffuso qui da noi».

«Sì, hai ragione, è delizioso. Ma cosa significa esattamente Fatima nella religione islamica?».

«Si narra che una sera una ragazza di nome Fatima stava preparando la cena per suo marito, il suo grande amore, quando dalla finestra lo vide rientrare a casa con una concubina. Addolorata, immerse distrattamente la mano nell'acqua bollente ma non sentì alcun dolore fisico. Solo al cuore. Suo marito entrò in cucina e trovandola in quello stato le domandò cosa stesse facendo, lei si riscosse accorgendosi della bruciatura solo in quel momento. Alì, suo marito, si prese cura di lei ma poi le disse che avrebbe passato la notte con la nuova sposa. Il cuore di Fatima era a pezzi e al bacio del marito con la nuova moglie una lacrima le scese dagli occhi. Si andò a poggiare sulla spalla di Alì, facendogli capire l'amore che provava per lui convincendolo a rinunciare alla nuova concubina. Per le donne islamiche quindi il nome Fatima, simboleggia la pazienza, la serietà e l'autocontrollo».

«Autocontrollo? Beh allora non va bene per me che sono Adelina ribellina». Risero sdrammatizzando. «Dimmi invece di Faiza».

Lui annuì lasciandole la mano grondante di sudore. Intanto camminando erano giunti davanti la loro piccola abitazione ancora disadorna, senza porte e finestre. Entrarono dentro, un delicato odore di pittura fresca li fece emozionare mentre lui le spiegava che il nome Faiza, in lingua araba significa la vittoriosa.

«La vittoriosa?», ripeté lei sorridente mentre carezzava una parete bianca e liscia come seta. «Beh, allora è il nome che fa per me», piroettò felice al centro del vano ingresso della casa. «Ed è proprio da questa casa caro amore mio che io sarò Faiza, la vittoriosa», alzando le braccia al cielo. «Jamil, ascolta...», si avvicinò al petto di lui. Carezzandolo gli disse, «questa casa sarà la nostra fortezza. Piccola ma inespugnabile. Esattamente come voglio essere io in questa terra di fuoco e sabbia».

Si diresse poi alla finestra e guardò verso l'orizzonte. Lui la seguì cingendola da dietro. Davanti casa c'erano due ragazzini che ridendo si inseguivano creando nuvoloni di polvere intorno a loro. Il più piccolo cadde e l'altro gli si mise addosso solleticandolo e ridendo a crepapelle. A vederli sembrava che non avessero affatto caldo, quei due birichini.

«Sento che ce la farò. Vincerò. Adelina sarà solo un ricordo nascosto tra le dune di questo immenso deserto che ci circonda».

«Vincere su cosa? Parli del tuo disturbo?».

Lei si voltò verso di lui.

«No Jamil! Non potrò mai vincere sul bipolare. Lui è più potente di qualsiasi mia determinazione. Il bipolare è come un mostro che mi ride alle spalle in attesa che io faccia un passo falso. È come un nemico sempre pronto a farmela pagare. Ma su una cosa lui non ha più potere», gli occhi di lei si colmarono di lacrime.

«Dimmi. Su cosa allora?», chiese lui carezzandole la guancia.

«Qui ho il potere della mia libertà. Qui non sono la matta da legare. Sono l'occidentale cristiana, ma poco mi importa. Voglio una vita tutta mia. Una vita autentica in cui io possa finalmente sentirmi me stessa; quando piango, rido o canto. Capisci Jamil? Lo capisci amore mio? Detto tra noi, preferisco l'analfabetismo e l'ignoranza della tua gente, alla cultura universitaria di quegli pseudo intellettuali che mi circondavano a

Genova, e dico Genova per dire qualsiasi altra città d'Italia o del mondo».

«Ma potremmo essere felici ovunque, sai? Forse qui non è il posto giusto per noi». Insistette lui. «Andiamo a vivere in Malesia, in Australia, o in Giappone...».

«Perché insisti, Jamil? Come ti ho già detto, è solo una questione di tempo. Lottiamo e vedrai che vinceremo. Presto troverai un lavoro vedrai, non scoraggiarti ti prego amore mio. Sento che ce la faremo», disse sicura appoggiandosi al suo petto.

Si fermarono per un po' a godersi i colori di quel bel tramonto ambrato che si rifletteva sulle pareti bianche della casa rendendole dorate. I loro corpi nudi poterono finalmente amarsi lontani da occhi e orecchie indiscrete. La passionalità di Jamil l'avvolgeva totalmente. Lui in fondo non era l'uomo che era fiorito tra le sue mani?

Capitolo 34

Genova, qualche mese prima

Era quasi estate, nelle case e per le strade si boccheggiava per il gran caldo. Con fare seducente, Adelina si era sfilata davanti a Jamil la maglia in cotone bianca che indossava sopra i jeans. Lui però non aveva osato sfiorarla nemmeno con un dito. Paonazzo in viso dinnanzi a quello striptease improvvisato si era dato alla fuga puntando gli occhi sul foglio di disegno. Adelina soffocata dalla delusione si era fatta decine di domande, rimaste però senza risposta.

Una mattina di due giorni dopo, stava spolverando la libreria a parete della sua camera, quando le venne in mente un romanzo che aveva letto alcuni anni prima, *Lezioni di seduzione*. Una storia d'amore ambientata nella Londra aristocratica del 1850. La protagonista Brianna era una giovane e bella ragazza sposata a un nobile uomo. Quest'ultimo nonostante bramasse per lei e la notte la desiderasse ardentemente, non riusciva a lasciarsi andare al suo desiderio. Brianna scopriva per caso tra degli scaffali impolverati della loro villa, un vecchio libro intitolato *I consigli di lady Rothburg* scritto da una cortigiana e dedicato alle donne. In quelle interessanti pagine dedicate all'arte della seduzione, Brianna avrebbe trovato a poco a poco la risposta ai suoi problemi di letto.

Dopo aver letto e riletto il libro Adelina, come Brianna, agì. Desiderava dare a Jamil, la possibilità di scoprire il suo potenziale erotico, ma per riuscirci doveva essere strategica.

Una sera, prima che lui rientrasse dall'università, distribuì candele profumate al sandalo per tutta la casa. Per l'occasione, vestì l'*hijab,* il velo islamico, sotto il quale indossò soltanto uno slip nero in pizzo, e due gocce del profumo che lui le aveva regalato poche settimane prima. Guardandosi allo specchio si era sentita sexy e perfettamente a suo agio. La porta di casa era stata aperta alle diciannove. Lui attraversò il lungo corridoio godendo delle luci e del profumo al sandalo che aleggiava nell'aria. Quando aprì la porta della sua camera, si schiuse ai suoi occhi uno scenario inaspettatamente erotico. Dal modo in cui i suoi occhi la guardarono lei intuì che la serata sarebbe andata come aveva desiderato.

«Cercavi me, giovanotto?», esordì con voce sensuale. Lui annuì incredulo. Rimase per qualche secondo immobile. La guardava in preda a brividi. Non si era mai sentito così.

«Ci conosciamo, splendida creatura?», le chiese ironico balbettando dopo una lunga deglutizione. Il tono della sua voce era cambiato: quasi biascicava. Il suo sguardo aveva abbandonato il ragazzo inibito che c'era in lui, per dar spazio a quello di un amante che prometteva piacere.

«Beh! Non mi conosci del tutto giovanotto, ma possiamo rimediare stasera se ti va!», mordicchiandosi il labbro inferiore e facendo attenzione che la posa non sembrasse studiata ma sexy. Lui si avvicinò ai piedi del letto, mentre una vampata di intenso calore coglieva lei di sorpresa. Si distese lateralmente a lei poggiandosi su un gomito. Lei sentì i brividi dell'eccitazione confluire in mezzo alle gambe, ma finse indifferenza. La maniera in cui lui la guardava, le tolse il fiato e stimolò ancor di più la sua eccitazione. Con l'indice della mano sinistra, lui iniziò a tracciare sensualmente i contorni del suo viso, partendo dall'attaccatura del velo sulla fronte fino al seno.

«Sei meravigliosa. Il regalo più bello che Allah potesse farmi», le sussurrò mordendole il lobo dell'orecchio. A quel tocco di lingua, lei iniziò ad ansimare di piacere sentendosi come cera calda. La baciò come non aveva mai fatto: bacio travolgente, voluttuoso e interminabile. Sembrava che si mordessero e che si saziassero l'uno nella bocca dell'altro.

«Jamil, mi piaci tanto anzi tantissimo, troppo... da morire», blaterò tra le sue labbra. Ansimavano all'unisono persi in quella nebbia di desiderio.

Pochi istanti dopo si stavano rotolando nel letto come due calamite eccitate. Non servì dire altro: i loro corpi si mossero istintivamente l'uno verso l'altro. Le loro mani si esplorarono vorticosamente. La loro pelle, sembrava brulicare piacere ovunque. In un soffio i jeans e la maglietta di lui non cerano più. Nudo, finalmente davanti ai suoi occhi. Era statuario, bello come scolpito da una Dea della bellezza. *Oh mio Dio, potrei anche morire di piacere in questo momento,* pensava mentre lui le baciava ogni millimetro di pelle scoperta. Lui teneva gli occhi chiusi ma sembrava che avesse un terzo occhio puntato su ciò che lei desiderava di più. E lo centrava appieno. Erano ormai un solo corpo.

«Non so se ne sarò capace...», le confessò a un certo punto dando voce alla sua paura più profonda.

«Andrà tutto bene Jamil...», rispose lei con tono rassicurante. Uno strato di sudore iniziò a imperlargli la pelle, «lasciati andare amore mio... toccheremo il cielo», *che meraviglia sentirlo gemere,* pensò lei.

«Stasera voglio godermi tutto di te, *habibi*», le bisbigliò lui con voce roca mentre i loro corpi affondavano per la prima volta nella loro intimità più calda, «voglio godermi la tua pelle, il tuo sapore, i tuoi brividi... tutto, tutto di te!».

«Godimi Jamil...», gli rispose lei riscoprendosi più audace di quanto si ricordasse. «Godimi fino allo stremo delle nostre forze».

Tra un affondo e l'altro Jamil bisbigliava in lingua araba parole incomprensibili ma dal suono squisitamente erotico. Picchi di piacere intanto s'imponevano sui loro corpi madidi di sudore. Il lento affondo via via sempre più veemente li fece ansimare ininterrottamente mentre si contraevano e si contorcevano. Giunsero al punto di non ritorno: il piacere. Unico, sublime, intenso, appagante, in una sola parola: estasiante.

«Fermerei il tempo qui *habibi*!». Si strinsero come se stessero per dissolversi nel nulla, continuando a perdersi in lunghi baci appassionati. Ora non servivano altre parole. Lei aveva lasciato fare tutto all'amore, e questo aveva reso Jamil un uomo nuovo e per certi aspetti un vero uomo.

«*Habibi,* a che pensi?», gli chiese Jamil mentre ripescava i vestiti dal pavimento ancora grezzo.

«A cose meravigliose Jamil...», lei sorrise. Ma non a lui bensì al ricordo di quel ragazzo timido e impacciato che era stato.

«Ora però sbrighiamoci dobbiamo rientrare a casa».

«Oh che sbadata che sono, mio signore», gli disse tornando al vano ingresso. «Non mi sono ancora presentata;

mi chiamo Faiza Alamà, e sono felice di essere la futura padrona di questa bellissima casa».

«Piacere di conoscerti, Faiza Alamà».

Le strinse la mano inchinandosi davanti a lei, poi cambiò tono.

«...Per me resterai sempre la mia adorata Adelina. Lascia che siano gli altri a chiamarti Faiza».

Capitolo 35

Una domenica mattina, l'aria intorno a Merzouga era decisamente meno rovente del solito. Nessuno boccheggiava né implorava Allah per un po' di frescura. Anche gli animali sembravano più svegli del solito. Era come se quel venticello fresco fosse acqua nebulizzata sui loro corpi. Dopo la preghiera del mattino, e una ricca colazione a base di frutta, pane e miele, Jamil propose ad Adelina di fare un giro in paese. Desiderava, non soltanto darle sollievo dalle consuete incombenze domestiche, alle quali si era dedicata senza risparmiarsi, ma soprattutto passare del tempo solo con lei. Era molto preoccupato per la sua salute. Negli ultimi giorni le era sembrata visibilmente stanca, un po' più silenziosa del solito e con due occhi spenti come lampadine consumate. Lei accettò e andarono. Un rapidissimo passaparola tra gli abitanti annunciò il loro arrivo.

Da oltre un mese li avevano attesi e neanche una catastrofe naturale li avrebbe distratti da loro. La 'cristiana' era finalmente sul palco di Merzouga e ora l'avrebbero potuta esaminare. Seguendo i consigli di Fatima, Adelina camminava a fianco di Jamil con lo sguardo fisso in avanti, attentissima a non sfiorargli nemmeno la punta del mignolo. Indossava una lunga casacca color verde smeraldo a maniche lunghe, sopra pantaloni color sabbia e un velo dello stesso colore. Ai piedi delle babbucce in cuoio. Sebbene avesse addosso tutti gli sguardi attenti dei passanti, non avvertiva alcun imbarazzo.

«Oggi mi sento una diva sul red carpet...», disse acchiappandogli impulsivamente un braccio e sorridendo. In quell'istante il braccio e il volto di Jamil, sembrarono di gesso. Non poté sorridere della sua battuta e mal volentieri dovette anche pregarla di staccarsi dal suo braccio. A quanto pareva, nonostante l'impegno che ci stava mettendo, Adelina mostrava di essere ancora ben lontana dal comportarsi come una donna araba. Tutto in lei era ancora squisitamente occidentale; il modo di camminare, lo sguardo, i gesti, finanche la voce. In paese risaltò quindi come chi, al posto del velo in testa, portava un cappello a cilindro rosso.

Le donne bisbigliavano fra di loro esaminandoli furtivamente. Un uomo minuto e sulla cinquantina con un turbante bianco in testa e la pelle abbronzata del nero, al loro passaggio si bloccò oscillando il capo con un'espressione di fastidio scritta in fronte. Qualcun altro coprì gli occhi alla sua donna e altri presero la direzione opposta alla loro.

La prima impressione che Adelina ebbe del centro, fu di un paesino da set cinematografico degli Studios di Los Angeles. Lungo la via principale transitavano alcune vecchie motorette rumorose che, come api impazzite, si muovevano tra carrettini colmi di frutta e trainati da asini svogliati. Nelle vie laterali a questa, si susseguivano piccole botteghe di artigianato locale dove pareva che vi fosse esploso dentro un autocarro di ceramiche, monili, cammelli e dromedari di varie grandezze, forme e costi vari. Entrarvi richiedeva brillanti capacità da equilibrista. Davanti al loro ingresso, erano adagiate delle grandi ceste in vimini contenenti piramidi di spezie di color giallo, arancione, marrone e rosso papavero che impregnavano l'aria di quell'odore tipico di cucina araba. Aromi di una vita semplice, ma che come un afrodisiaco gastronomico stimolavano il suo palato. Le aveva sempre amate – la menta, la curcuma, e il cumino, in modo particolare – ma Tina si ostinava a non volerle utilizzare in cucina asserendo che fossero solo inutili coloranti.

Jamil intanto che lei divorava con tutti i cinque sensi le botteghe, le stava a fianco. Prima di tornarsene a casa si inoltrarono all'interno delle viuzze per raggiungere un negozietto che sembrava sepolto di tappeti. Adelina aveva caldo, perciò quando Jamil entrò per parlare con l'anziano proprietario, decise che lo avrebbe aspettato fuori dal negozio. Rimasta sola, osservando le signore che le passavano davanti, si accorse che a rotondità fisica si contendevano con lei il primato delle paffutelle velate. *Mal comune mezzo gaudio, signore care,* pensò compiaciuta.

Improvvisamente le mancò l'aria, sentì il viso e le gambe tremare. *Dio mio, cosa mi sta succedendo?* pensò appoggiandosi al collo di un asino che se ne stava immobile davanti al negozietto. Bevve un sorso d'acqua dalla sua borraccia, si sciacquò il viso e cercò di sorridere a Jamil che intanto usciva dal negozio visibilmente accigliato tenendo qualcosa in mano.

«È incredibile la sfacciataggine di questa gente!».

«Jamil, perché dici cosi?».

«Maazin mi ha fatto un regalo... E che regalo!», disse in tono seccato.

«Cosa ti ha regalato?».

«Indovina?».

«Non saprei, fai prima a dirmelo tu», replicò malconcia com'era.

«Guarda», le porse la busta contenente un'edizione del *Corano*.

«Ancora con questa storia che non preghi Allah?», commentò lei sbuffando.

«Infatti. Vedi è come ti dicevo. A Merzouga le teste son quelle di sempre e cosi rimarranno...».

«Beh... non posso darti torto Jamil», gli rispose rimettendo nella busta il regalo. «Ma dai, vediamo il lato positivo della cosa. D'ora in avanti avremo un nuovo libro del *Corano* e un tappetino per la preghiera di tutto rispetto», aggiunse sorridendo.

«Ma sì dai! Hai ragione *habibi*. Forza e coraggio sempre e comunque».

«Bravo il mio Jamil! È così che si parla».

«Brava anche la mia Adelina, è cosi che si ascolta».

Avevano appena finito di comperare degli abiti, quando lei divenne cerea in viso, tremava dappertutto e aveva le mani fredde. Nei giorni precedenti era stata colta da improvvisi giramenti di testa, amplificati dal caldo e dalla fatica, quindi da un ronzio confuso alle orecchie. Il suo mal di stomaco intanto non le dava tregua. Era iniziato pochi giorni dopo il suo arrivo, e continuava nonostante qualche sano digiuno e tisane naturali che promettevano miracoli. Chiese quindi a Jamil di rientrare a casa mentre due conati di vomito, senza preavviso, minacciavano di farle rigettare i biscotti al miele che aveva mangiato poco prima. Non voleva che qualcuno la vedesse star male. Avrebbero aggiunto un ingrediente in più al piatto prelibato di pettegolezzi che stavano già consumando da oltre un'ora.

Giunti a casa, corse a letto e crollò in pochi secondi. Lo stesso giorno cadde in un sonno profondo da cui lui non riuscì più a svegliarla fino alla sera. La mattina dopo Adelina non si lavò, né partecipò alle preghiere con la famiglia. Nel corso della giornata, non la svegliò nessun rumore e neanche le grida acute dei bambini che gironzolavano per casa. Lui cominciò ad allarmarsi. Da ciò che gli aveva detto il dottor Freni, era quasi certo che ci fossero tutti i sintomi di una ricaduta depressiva. Intanto non diminuivano i dolori allo stomaco, probabilmente causati da qualche virus intestinale. In preda al panico, si sdraiò accanto a lei e cercò di parlarle. Lei però non rispondeva e quando provava a farlo le parole le morivano in bocca, come petali stanchi. Jamil disse alla famiglia che la moglie aveva la febbre molto alta, e che sarebbe pertanto rimasta a letto fino alla guarigione completa.

Non poteva dire loro la verità sul disturbo bipolare, perché entro dodici ore l'avrebbero considerata – nella migliore delle ipotesi – posseduta dagli spiriti maligni e cacciata di casa come un topo infetto. *Cosa posso fare?* si domandava allarmato. L'ipotesi di una ricaduta lo paralizzava.

Trascorse le notti seguenti vegliandola con la speranza di vederle aprire gli occhi. E sospirava invocando continuamente Allah. La mattina dopo non cambiò nulla. Lei continuò a dormire e lui, a patire per lei.

Due giorni dopo, Adelina chiese del pane con ceci e dell'acqua fresca, poi dormì un'altra notte intera. Jamil non mangiò, non dormì ne andò più a cercare lavoro. Le stava accanto pregando, sia di notte che di giorno.

La famiglia iniziò a farsi delle domande, e lui a inventarsi le scuse più bizzarre. Fortuna che una mattina di qualche giorno prima, Jamil era rientrato in casa con il pacchetto dei farmaci in mano. Il dottor Freni era stato puntualissimo. In quel pacchetto aveva messo oltre a pillole e gocce a sufficienza per un mese, anche un integratore alimentare a base di magnesio e potassio e un rinforzante per il sistema nervoso. Le donne incuriosite gli avevano chiesto a cosa gli servissero quegli intrugli misteriosi, e lui aveva risposto che si trattava di medicinali per il cuore malato di sua moglie, ordinando loro di non toccarle perché potevano essere mortali.

Impaurite, gli avevano voltato le spalle e se ne erano tornate al loro lavoro. Non sospettarono perciò di nulla, anzi tutta la famiglia, uomini e serpe compresa si riunirono attorno al suo letto con compassione. Nonostante lei dormisse, percepì lucidamente ciò che stava avvenendo intorno a sé, cogliendo brandelli di conversazioni e memore delle esperienze del recente passato cominciò a sentirsi pulsare il cuore alle tempie. Detestava la pietà della gente. Avrebbe voluto alzarsi da quel letto e dire a tutti di andar via, ma una potente forza sovrumana sembrava immobilizzarla. Si sentiva rotta e dolorante in ogni giuntura. Non riusciva a far altro che ascoltare impotente il loro mormorio sommesso.

La mattina dopo quando Jamil riaprì gli occhi ancora intontito dal sonno, lei non era più a letto. Saltò giù come se lo avesse morso un pitone, e mentre il cuore gli martellava a tamburo, ispezionò in pochi secondi l'intera casa. Non c'era. Si precipitò alla finestra, e finalmente la vide. Beveva rilassata un bicchiere d'acqua, mentre osservava Said, intento a prepararsi per la sua giornata di lavoro.

«*Habibi,* stai bene?», le domandò dalla finestra prima di raggiungerla fuori.

«Sì Jamil, stai tranquillo. Adesso sto bene», gli disse.

«Ma cosa ti è successo? Ho temuto tanto per te».

«Probabilmente era solo tanta stanchezza. Il caldo, il cibo o chissà tutto l'insieme. Ho avuto paura anch'io, sai? Ma conosco quel mostro... e *Inshallah* per fortuna è molto lontano da me», lei sospirò mentre lui stringendole la mano ringraziava Allah, per avergli ridato sua moglie.

«Jamil, ascoltami», mormorò lei alzandosi per rientrare in casa. «Te lo dirò io quando e se 'lui' riapparirà. Per adesso stai sereno. Okay?».

«Ok, *habibi*. *Allah Akbar* e ti aiuterà a non ammalarti», le sussurrò abbracciandola ancora.

Capitolo 36

Tutto ritornò alla normalità e qualche giorno dopo si trasferirono nella loro piccola casa. Non era stata del tutto rifinita ma con gli opportuni accorgimenti l'avevano resa deliziosa. Sul pavimento ancora grezzo del vano ingresso avevano adagiato dei grandi e coloratissimi tappeti berberi e cuscini che davano una ventata di colore alle pareti color bianco Alaska. Il letto matrimoniale, costituito finalmente da reti e materassi, e non più una stuoia sbrindellata sul pavimento al posto del materasso, era stato invece impreziosito da una spalliera in arazzo rettangolare in seta di sabra e cotone rosso.

Una mattina, Adelina uscì di casa per recarsi in paese a fare degli acquisti. Anche se per tutti lei continuava a essere la Cristiana occidentale, era abbastanza serena e indifferente alla cosa. Anzi trovava quasi divertente quando camminando sola per le strade del paese la guardavano come se fosse un essere umano a tre teste o venisse dallo spazio. Forse è per questa loro percezione spaziale che un giorno un commerciante di spezie, di almeno ottant'anni, curvo e affannato, mentre le riempiva un sacchetto di curcuma, le chiese: «Faiza, ma è vero che in Italia ci sono macchine volanti?».

«Cosa?», replicò lei voltandosi verso una cesta di datteri per trattenere una gran risata.

«Eh sì, mi hanno detto che c'è così tanto traffico, che le macchine sono costrette a volare».

«Ah...», annuì lei comprendendo il senso di quella domanda bislacca. «È vero!», gli rispose sorridendo a labbra strette.

«È vero?», l'uomo rimase con il cucchiaio della curcuma a mezz'aria pendendo dalle sue labbra.

«Le nostre automobili», continuò lei «volano come volano le motorette qui fuori. Volano di fretta, caro signore. Volano per far presto. Volano per arrivare puntuali, oppure volano perché i ladri se le rubano al volo...».

Sorrisero all'unisono mentre l'uomo finiva di riempirle il pacchetto scuotendo il capo incredulo. Quello scambio di battute diede la sensazione di essere stata accolta, accettata e integrata. Avrebbe pagato qualsiasi somma per quella benedetta curcuma che l'aveva fatta sentire così bene.

Ma non finì lì. Quella stessa mattina pareva che i commercianti avessero più curiosità del solito e si fossero messi d'accordo per un cabaret sulle bizzarrie degli occidentali. Una venditrice di tessuti le chiese: «Faiza, è vero che i vostri abiti si sciolgono sotto l'acqua calda?».

«Cosa?», rispose trattenendo una risata che se le fosse scappata l'avrebbero sentita anche i tuareg nel deserto. «No, non è affatto vero. Semmai, i nostri vestiti messi dentro una macchina per lavarli che si chiama lavatrice, si restringono se smacchiati ad altissime temperature, ma non si sciolgono...».

«Lagatrice! lagatrice?», ripeté a modo suo la signora concentrata come se stesse ripassando una formula matematica.

Il cielo intanto stava cambiando di colore e di 'umore'. Cominciò a soffiare un forte vento caldo, che poco dopo sollevò mulinelli di polvere, pezzi di cartone, e un'enorme quantità di sabbia tale da non riuscire più a distinguere le persone dalle cose. La donna allora, cacciò via Adelina dal suo negozio strillando: «...una tempesta di sabbia, corri, corri subito a casa...», quindi si aggiustò il velo in un gesto quasi automatico, e chiuse bottega defilandosi in pochi attimi.

Trovatasi sola per la strada, Adelina cercò di farsi scudo con le braccia, mentre la furia del vento la strattonava contro i muri. Gli abiti le si appiccicarono addosso come colla. Un eccesso di tosse dovuto alla sabbia in gola e gli occhi lacrimanti la costrinsero ad accelerare il passo per arrivare prima possibile a casa. E fu proprio in quel momento che cominciò a recitare il mantra messo a punto nel corso degli anni: *forza e coraggio sempre e comunque, forza e coraggio sempre e comunque.* Parole che ogni volta funzionavano a meraviglia.

Quando sentì il tonfo della porta chiudersi alle sue spalle si sentì una donna fortunata e al sicuro. Dopo aver bevuto acqua tiepida a sufficienza per ripulirsi la gola, prese in mano una tazza di tè alla menta e si attaccò alla finestra. Il vento continuava a sollevare grandi quantità di sabbia, trascinandola vorticosamente verso l'alto come un serpentone danzante. Sembrava che sabbia e vento sfidassero a duello il cielo. Lo inseguivano e con foga riuscivano a oscurarlo completamente in segno di vittoria. Era come assistere a una guerra tra i potenti della natura: vento, deserto e cielo. Davanti agli occhi di lei sfrecciavano intanto sagome di persone che pareva fossero state inghiottite da onde schiumose di sabbia che s'infrangevano lungo i muri e le case. In quella incredibile baraonda di sibili e fischi spaventosi, Adelina notò qualcosa che la scosse particolarmente. Il vento strappò il velo a una ragazza che correva a fianco di un uomo. Quest'ultimo, forse il marito, il padre o il fratello, le si avvicinò immediatamente e dopo averle dato due violenti ceffoni in viso, si tolse la camicia e le coprì il capo. La trascinò poi con forza come se fosse colpevole di un gravissimo reato. La ragazza in quel momento sembrava che fosse più impaurita dall'uomo che aveva accanto, che dalla tempesta di sabbia.

Adelina detestava gli atteggiamenti prevaricatori e maschilisti di certi uomini. A casa della serpe aveva assistito impotente alle continue vessazioni alle quali le sue cognate erano state destinate da parte dei loro mariti. Comunque, scomparsa la ragazza dal suo campo visivo lasciò la tazza di tè in cucina e rifletté a lungo passeggiando per tutta la casa. *Ma cosa posso fare? Cosa?* Si ripeteva mentre a poco a poco, il fruscio della tempesta cominciava a placarsi.

«Non puoi fare nulla, *habibi*», le disse Jamil la stessa sera, mentre fumava la shisha rilassato accanto a lei.

«No non dire così, ti prego. Ci sarà qualcosa che io posso fare per poter aiutare queste povere ragazze. O no?».

«Fai come le cicale, *habibi*. Dormici su e domani ci ragionerai».

«È molto gentile da parte tua liquidarmi così, ma ci penserò subito e non domani», concluse premendogli la punta del naso con indice e dito medio.

Andò in cucina, si legò i capelli e si mise il grembiule. Quella sera invece di mangiare dolci a go go, decise che li avrebbe preparati. Mise quindi tutti gli ingredienti necessari all'interno di una ciotola in terracotta: farina 00, zucchero semolato, acqua, olio, lievito, vaniglia, datteri in purea, un pizzico di sale e infine tanti profumatissimi semi di cardamomo tritati finemente. Impastò lentamente il tutto mentre con la mente vagava alla ricerca di qualche buona idea. Pensare di aiutare qualcuno, quando ella stessa aveva bisogno di aiuto e protezione, era a dir poco paradossale, ma lei era questa. Questo era il suo modus operandi: fare, tentare e non darsi mai per vinta. Dopo circa venti minuti, l'impasto era un'invitante forma a palla zuccherata che solo a vederla prometteva squisite barchette ai datteri; la sua specialità in terra marocchina. Fuori era ormai buio fitto e il silenzio intorno era desertico. Tra una barchetta realizzata perfettamente a mano, e un'altra mal riuscita, a un certo punto si bloccò con le mani in pasta. L'idea geniale era stata concepita. O perlomeno così lei si augurava. Diede forma velocemente ai suoi pensieri e alla pasta. Quindi sistemò le barchette in forno, e aspettò che si dorassero.

La mattina dopo sarebbero state pronte per essere riempite di confettura ai datteri e mangiate friabili. Andò a letto quando era già notte fonda. La mattina quando alle cinque Jamil si svegliò, lei era già attiva tra i fornelli. Riempì le barchette di confettura ai datteri e gliele offrì ancor prima che le dicesse buongiorno. Jamil ne andava matto, lei ancor di più. Riuscivano a mangiarne anche venti a testa al giorno. Ma a fine giornata, lei si era pentita come un coccodrillo, mentre lui se la rideva alto e magro com'era. Jamil l'ascoltò molto attentamente e alla terza barchetta, dopo aver espresso qualche perplessità, le disse che con gli opportuni accorgimenti, la sua idea poteva essere buona. Adelina si sentì catapultare al settimo cielo. Acciuffò un cuscino lo strinse al petto e cominciò a volteggiare intorno al tavolo della cucina, cantando la canzone di Jovanotti:

"Io penso positivo perché son vivo perché son vivo, niente e nessuno al mondo potrà fermarmi dal ragionare...".

Jamil si alzò sorridendo, la cinse dai fianchi e le sussurrò all'orecchio: «In cambio però dovrai fare una cosa per me? Accetti?».

«E cosa? Dimmi, dimmi», replicò lei lanciando il cuscino in aria, che poi finì su una decine di barchette sopravvissute.

«Domani capirai!», le rispose lui girandola verso di sé per baciarla.

Capitolo 37

Jamil organizzò la loro prima escursione nel deserto del Sahara, che li avrebbe portati fino alle straordinarie dune di Erg Chebbi. Un cordone di dune dorate alte fino a 150 metri, che si estendono per circa trenta chilometri.

«La caratteristica che le rende magiche...», le aveva detto Jamil, «...è il loro continuo mutare di colore durante le ore del giorno: albicocca di giorno oro rosa al tramonto».

Di tanta straordinaria bellezza, Adelina non aveva ancora goduto a causa della sua inguaribile paura per qualsiasi essere strisciante abitante del deserto. Per lei vedere un innocuo geco strisciare sulla sabbia, o trovare un pericoloso scorpione dentro le sue scarpe, non avrebbe fatto alcuna differenza. Si sarebbe comunque paralizzata di terrore. Stavolta però non poté sottrarsi all'invito. Jamil era entusiasta e lei non sapeva dirgli di no. Partirono quasi all'ora del tramonto. L'aria era tiepida e soffiava in faccia come un asciugacapelli, anche se di tanto in tanto qualche alito di vento più audace la rendeva insopportabile.

«Pronti, partenza e via...», aveva esordito allegramente Said ai primi passi mossi dai suoi otto cammelli disposti in fila indiana. Adelina lo osservava silenziosa, sembrava che lo stesse studiando. In fondo quell'uomo era l'unico della famiglia Alamà più simile per temperamento a Jamil. Non era affatto litigioso, né aggressivo. Per tale ragione, non si capacitava come avesse potuto sposare quella donna pochi petali e tante spine.

La gita alle dune sarebbe stata per lei l'occasione giusta per conoscerlo più intimamente e senza il fastidio della moglie intorno. Sul cammello, il suo portamento sembrava quello orgoglioso di un re del deserto. Indossava un turbante arancione e una tonaca bianca. Era un uomo piccolo ma capace di trascinare imponenti cammelli disubbidienti. In famiglia si diceva che conoscesse il deserto come un capitano il mare. Poteva tracciarne la mappa di ogni granello di sabbia, ogni duna e finanche ogni ramoscello secco che vi soggiornava solitario. Lo aveva abitato fin da bambino. I suoi genitori erano stati dei viandanti del Sahara e per tale ragione Said aveva vissuto le emozioni di una tempesta di sabbia o di un meraviglioso tramonto già in tenera età. Aveva inoltre conosciuto nomadi, bande e guerriglieri, esperienze che lo avevano reso l'uomo coraggioso e forte che era diventato.

Man mano che proseguivano verso l'interno il suono del silenzio si faceva sempre più ovattato. Si sentivano soltanto gli zoccoli dei cammelli affondare e risalire dalla sabbia, e qualche bramito. Nessuno – lei compresa – parlava. Sembrava proprio che il deserto esortasse anche il più logorroico degli esseri umani, alla meditazione trascendentale. Adelina sembrava però molto tesa. Jamil, che chiudeva la carovana dietro di lei, sorrideva divertito, nel vederla attenta come se si trovasse in groppa a una tigre del Bengala. Adelina temeva infatti che l'animale la scaraventasse giù anche e soltanto per un suo respiro di troppo.

Le venne in mente quando a sette anni ne aveva visto uno per la prima volta al grande circo Orfei. Lo aveva trovato un animale sgraziato e brutto, e quando dopo lo spettacolo mamma e papà glielo avevano fatto montare per la foto ricordo, lei aveva pianto disperata. Si era agitata talmente tanto che lo stesso cammello aveva tentato di svignarsela come se quella bambina esagitata volesse ucciderlo. La notte seguente aveva sognato uno strano essere con le narici rigonfie, la testa minuscola e labbra spesse. L'animale la inseguiva lungo una strada affollata di strani clown con una coda da coccodrillo. Adelina si era svegliata impaurita ed era corsa tra le braccia di suo padre, dicendogli in lacrime che il cammello del circo voleva farle del male. Da allora per lei, il circo non fu più un'attrazione magica, ma soltanto un inferno da evitare e che Tina non le risparmiò comunque negli anni a venire.

Jamil si avvicinò con il suo cammello ridestandola da quei ricordi lontani. Poi le disse, quasi in un sussurro, che Said gli aveva fatto cenno di raggiungerlo avanti. Era fiera del suo bel marito. Aveva lo stesso portamento regale del padre e osservandolo mentre lo raggiungeva, le ricordava uno dei personaggi del libro: *Le mille e una notte*. Jamil indossava una lunga tonaca bianca e un imponente turbante di color turchese che gli conferiva un fascino esotico davvero irresistibile. Il silenzio intanto diveniva sempre *più assoluto*. Al tramonto i colori del deserto apparivano come una scenografia cinematografica. La sabbia sembrava polvere d'oro, e il sole in ritirata restituiva alla sabbia un gioco di luci e ombre molto suggestivo. Padre e figlio invertirono le postazioni, e Said raggiunse Adelina in fondo alla carovana. Si sorrisero a lungo, poi lui ruppe il silenzio.

«Faiza, dimmi un po', ti piace il nostro deserto?».

«Sì, certo Said, ma solo in compagnia», puntualizzò lei con l'espressione di chi teme anche le mosche.

«Stai dicendo che ti fa paura?».

«Sì, tanta. Non riuscirei mai ad entrarci da sola. Mi sembra imprevedibile, direi volubile, nonostante appaia calmo, e inesorabile nel suo silenzio».

«Beh! Per certi aspetti hai ragione», precisò lui. «Il deserto è un luogo arido dove tutto apparentemente parla di fine. Ma sai una cosa? Il deserto è anche un luogo di vita e di pace infinita. Un paradiso».

«Detto cosi, sembra il luogo delle contraddizioni, Said».

«Brava». Lei sorrise felice di aver fatto bella figura. «Nel deserto puoi morire di sete», continuò Said, «ma puoi anche annegare nell'acqua se a un certo punto inizia a piovere. Il deserto è tutto e il contrario di tutto cara Faiza. Arido e fertile. Solitario e socievole. Fatale e propizio...».

«Non avevo mai pensato al deserto in questi termini. Una distesa di sinonimi e contrari». Said la guardava contento di quella nuora cosi perspicace e simpatica.

«Dimmi, Faiza. Ma tu come lo avevi pensato il deserto? Intendo dire prima di adesso», le domandò guardandola, mentre lei si asciugava una perla di sudore in fronte, avvertendo i primi segni di affaticamento.

«Beh, come tutti coloro che non lo vivono. Un mare di sabbia, dove poter fare un'escursione esotica e tante belle foto suggestive da pubblicare su Facebook e Instagram. Prima che faccia buio, possibilmente».

«Ecco vedi? Questo è un altro cruccio di voi occidentali. La fretta!», rimarcò lui. Il silenzio intanto continuava a imporsi come un canto silenzioso, che li cullava passo dopo passo, duna dopo duna.

«Vero Said», intervenne subito lei, «corriamo praticamente sempre. Le nostre città sono un crocevia di nevrotici indaffarati. Siamo schiavi di due lancette d'orologio e dei nostri cellulari. Visti da qui, siamo proprio degli infelici sventurati».

«Mi dispiace per voi, Faiza. La calma è in fondo tutto: vita, preghiera, e amore. La prima pratica ascetica che ti impone il deserto è saper aspettare. Aspettare per purificarsi dalla fretta, dall'agitazione e dall'impazienza. Il deserto, cara Faiza, accoglie solo chi si priva delle sue babbucce e cammina lentamente a piedi nudi, lasciandoseli carezzare dalla sabbia oppure bruciare. Se non riesci a far questo il deserto ti vedrà sempre come un turista e non ti accoglierà mai. Mai». Ribadì.

«Mi stai dicendo che devo togliermi le babbucce?».

«Non esattamente», lui sorrise a quella disarmante ingenuità. Poi proseguì. «Ma devi dimostrargli che sai aspettare, Faiza».

«Aspettare? Cosa Said?».

«La preghiera è uno stare ad aspettare, per esempio. Nel deserto si attende pregando e si prega attendendo».

«Capisco», annuì lei sorpresa.

Un grido improvviso distolse i due dalla loro tranquilla conversazione. Sembrava che qualcuno avesse visto il diavolo su una duna. Said d'impulso diede una pacca al collo al cammello, il quale corse spedito in avanti.

Adelina si sentì immediatamente in pericolo: *Ecco ci siamo, moriremo tutti, qualunque cosa sia successa è la fine,* pensò cercando di guardare in avanti e di capire dall'espressione di Jamil cosa stesse accadendo.

I cammelli furono gli unici a restare calmi e indifferenti. Sembravano non capire, non sentire e non vedere nulla. Poco più avanti una 'vipera cornuta' si era appena mostrata al gruppo di escursionisti immobilizzandoli. Se ne stava con il busto eretto a S e gli occhi puntati sull'uomo che l'aveva a pochi passi dalla sua lingua biforcuta. Jamil intanto era sceso dal suo cammello con un bastone in mano pronto a intervenire. Said gli fece però segno di fermarsi e al gruppo di tacere. Obbedirono alla lettera. Tutti. Said scese dal suo cammello e andò a posizionarsi, con fare attento e prudente, alle spalle dell'animale. Come un incantatore di serpenti iniziò a produrre con la bocca uno strano suono simile al verso di un pesce, dopo cinque lunghissimi minuti, l'animale abbassò lentamente il capo e strisciando a S si diede alla fuga sotto gli occhi atterriti di tutti.

Ripresero pian piano il loro cammino.

L'immagine di quella vipera Adelina non riusciva proprio a respingerla dalla sua mente, che per uno strano gioco di associazioni la riportava al suo mostro interno: il bipolare.

Pensava *come la vipera ci ha costretti a fermarci lungo un tragitto di allegria e spensieratezza, anche il mio bipolare mi ha obbligata - talvolta - a interrompere un percorso di passioni, progetti e belle speranze. La vipera ha gettato tutti nel panico e nell'incertezza, esattamente come ha fatto il mio distubo quando ha messo in subbuglio l'animo di tutti quelli che a Genova mi stavano vicini (mamma, colleghi, vicini, amici, ed ex fidanzati) sorprendendoli. Ma per fortuna,* continuò a pensare mentre beveva un sorso d'acqua dalla sua borraccia, *così come la vipera oggi è stata sapientemente assediata da Said anche il mio bipolare è stato isolato, sfidato e messo infine a tacere dal mio caro dottor Freni.*

Quell'incontro inatteso con l'animale le aveva fatto maturare una nuova consapevolezza. Il suo disturbo sarebbe potuto apparire dal nulla esattamente come la vipera era sbucata dalla sabbia, ma stavolta lei avrebbe avuto vicino chi senza alcuna esitazione, l'avrebbe difesa, curata e amata sempre, oltre ovviamente al dottor Freni che come un incantatore di serpenti teneva il disturbo assopito.

Dopo circa un'oretta scese un silenzio ancor più pesante e deciso. Nient'altro che silenzio. Dinnanzi a loro solo una distesa di deserto. Nessuna vegetazione, eccetto qualche piccolo ciuffetto d'erba e cespugli alti non più di un metro, sparsi qua e là. L'impatto con quel livello di silenzio fu molto forte per tutti gli escursionisti, quasi un rapimento dei sensi. Adelina lo respirò a lungo pensando a quante volte in passato ne aveva avuto bisogno. Adesso però ne aveva in abbondanza e poteva portarselo dentro per disintossicarsi l'anima al bisogno. Said tornò vicino a lei, ma rimase a lungo in silenzio. A lei piaceva quel loro parlare silenzioso e così proseguirono ancora per un po'con la stessa lentezza della sabbia che scorre nella clessidra.

«Com'è il deserto nella tua Italia?», le domandò poco prima di arrivare alla postazione per la notte.

«Il deserto in Italia?», replicò lei sorpresa per quella strampalata domanda. *Ma mi prende in giro? Anche un ragazzino, rimandato agli esami delle scuole medie sa che in Italia non c'è il deserto.* Jamil, che nel frattempo l'affiancava, intuì la sua perplessità ma preferì non intervenire lasciandoli ai loro discorsi.

«Said, non c'è il deserto in Italia. Dovresti saperlo», gli rispose piuttosto sorpresa. Lui non replicò. Guardava silenzioso verso l'infinito, sorridendo. Aveva ancora tempo e pazienza a sufficienza per approfondire la sua curiosità sul deserto degli occidentali. Dopo aver schioccato la lingua al suo cammello lui proseguì.

«Intendevo dire... se c'è un posto al tuo paese in cui tu possa stare completamente sola in preghiera, e circondata da ciò che Allah ha creato per noi».

«C'è tanto deserto in Italia caro Said, ma non quello che intendi tu».

«Ti ascolto...», la esortò lui con l'ineffabile saggezza di un illuminato.

Per la miseria, e adesso che gli dico? Ma da dove esce mio suocero, da un libro di filosofia? Dall'Alchimista di Coelho? E io? Io che ho letto i libri più bizzarri al mondo sull'arte dello sputacchio e di mangiare popcorn al cinema, adesso che gli rispondo? Aiuto! Le bastò proiettarsi per qualche attimo alla sua vita precedente per recuperare giudizio e profondità direttamente dal suo cuore ferito.

«Said, purtroppo il concetto di deserto, per noi occidentali si riduce a un lembo di cielo spesso velato dallo smog», lui annuì incuriosito. «Ti spiego meglio», gli disse avvicinandosi al suo cammello. In poche ore Adelina aveva imparato l'arte di destreggiarsi su quel grattacielo a quattro zampe. «In Italia non c'è il deserto, perlomeno questo deserto, questa profondità», indicò con la mano il paesaggio che aveva intorno con il volto rassegnato.

«Il deserto, cara Faiza...», la interruppe il suocero, «...te lo puoi creare con gli occhi della mente anche dove non esiste. Poi che si chiami Sahara, Manara, Alcantara, poco importa, sarà sempre il tuo deserto, il tuo meraviglioso e unico rifugio».

«Sì, sono d'accordo con te Said. Il deserto di cui stiamo parlando, quello del silenzio interiore e del contatto con il nostro Dio, lo possiamo trovare ovunque».

«E tu lo hai trovato?», insistette lui.

«Said caro, in Italia, purtroppo non sono riuscita a trovare il mio piccolo deserto, né un lembo di cielo puro tutto per me. Anzi ti dirò di più. Quel poco di cielo che mi spettava, me lo hanno strappato con...».

Adelina divenne improvvisamente triste, guardò verso l'alto trattenendo quel dolore che ancora la lacerava dentro, poi con un filo di voce concluse: «...un giorno ti racconterò del mio cielo rubato Said, del mio deserto mai trovato e se vorrai ascoltarmi, capirai ciò che intendo dire». Said annuì, poi replicò con la sua proverbiale calma zen e voce seducente.

«Non occorre farlo. Cara la mia Faiza, i tuoi occhi, come specchi fedeli della tua anima, mi hanno già parlato di te, e lo hanno fatto fin dalla sera in cui sei arrivata nella nostra casa. Indifesa come un canarino fuori dal suo nido, felice e poi delusa come una bambina a cui hanno strappato un sogno. Quegli stessi occhi che oggi gridano al mondo della tua voglia di riscatto. Allah ti guiderà abbi fede, lui sarà il tuo cielo limpido, il tuo mare calmo, una piacevole brezza che ti cullerà, e la tua voglia di riscatto si placherà all'inesorabile tempo della pace interiore che avrai raggiunto. *Allah Akbar*», concluse alzando lo sguardo e le braccia in alto.

Adelina capì in quel momento, che in quella terra così apparentemente arida e inospitale, non sarebbe mai stata sola. Saggezza e buonsenso si nascondevano dietro l'apparente ostilità silenziosa di molti degli uomini che l'abitavano.

Capitolo 38

Le parole di Said e i magici racconti sul deserto narrati con voce pacata e lentezza ipnotica, la fecero innamorare di quello scenario che si era aperto ai suoi occhi duna dopo duna. Per Said, invece, conoscere Jovanotti e le sue canzoni, canticchiate direttamente dalle ugole della giovane nuora, fu un momento divertentissimo. Lui che di concerti musica e band, non ne sapeva proprio nulla. Lui che di serenate rap, di hip, hop, e funky, non ne aveva mai sentito parlare, rise e si divertì come non gli capitava da tempo.

«Guarda laggiù in fondo», disse Said puntando il dito in lontananza.

«Le dune!», urlò lei sorpresa. «Wow, che spettacolo. Guarda Jamil, guarda...», disse portandosi la mano al petto.

«Sapevo che ne saresti rimasta colpita *habibi*. Lassù c'è la mano del nostro grande Allah, a lui dobbiamo tanta bellezza. La awla wa la quwwata illa biLlah. Non c'è forza né potenza se non in Allah».

La luce nel frattempo, si stava portando via il calore. Si fermarono per la notte. Lei tirò fuori dallo zaino il suo maglione di lana e Jamil l'aiutò a coprirsi. Said nel frattempo raccattò dei rametti secchi e accese il fuoco dopo aver sistemato le loro tende. Mentre le fiamme cominciavano dolcemente a crepitare, il buio cancellò improvvisamente tutto; distanze, dune, rilievi, sabbia e cielo. Cenarono a base di pane e montone cotto alla fiamma. Said le offrì delle noccioline zuccherate raccomandandole di mangiarle tutte. Un po' di energia in più le sarebbe giovata per la fatica che l'attendeva il giorno dopo. Dopo aver sistemato gli animali, si mise a dormire appartato poco distante, per garantire a tutti la giusta intimità con il deserto. Poi stanco crollò. I due giovani innamorati, si sedettero su quel morbido tappeto di sabbia fresca e uniforme dove poterono finalmente godersi l'atteso spettacolo offerto da sua maestà il cielo stellato.

«Guarda *habibi,* guarda lassù», le disse lui indicando alcune stelle che brillavano come fuochi d'artificio. «Sembra che di notte il cielo del deserto, si vesta a festa. Non trovi?».

«Hai ragione. Non ho mai visto niente di più bello».

«A cosa ti fa pensare tutto questo?», chiese Jamil ammaliato, con il naso all'insù.

«A un velluto blu sul quale sono adagiati dei meravigliosi brillanti da signora».

«La bellezza del mio deserto non mi stancherà mai...», commentò, poi si voltò verso di lei, «come non mi stancherò mai di te, amore mio».

«Ti amo Jamil Alamà, ti amo tanto».

«E io immensamente Adelina. Almeno quanto tutte le stelle di questo cielo», le dichiarò guardando nei suoi occhi lucidi come specchi.

Mentre milioni di stelle esibivano la loro bellezza come donne frivole in posa per farsi ammirare, Adelina e Jamil si sentivano spettatori brilli di felicità. Si consideravano una sola cosa, un tutt'uno con quell'immensità buia, e luminosa allo stesso tempo. Si adagiarono poco distanti l'uno dall'altra. Aprirono le braccia sfiorandosi le mani mentre da lontano si udiva il suono di tamburi e canti improvvisati di turisti accampati per la notte.

«Jamil, cosa avresti fatto se non mi avessi incontrato?», gli domandò lei voltandosi verso di lui.

«Non avrei mai smesso di cercarti Adelina», le rispose sussurrando. «E tu?», le domandò guardando le sue labbra sorridenti.

«E io di aspettarti Jamil».

Jamil si voltò verso di lei. Le carezzò la guancia e poi la baciò con passione sotto il sorriso complice di milioni di stelle.

«Adelina mia, sei il più bell'aforisma che io abbia mai letto...», le dichiarò sfiorandole le labbra dopo quel lungo bacio. «Sei l'aforisma del mio amore, quello che posso toccare con mano. Amare e di cui esser grato al nostro grande Allah».

«Allah? Cosa c'entra Allah?».

«Allah vuole questo amore per noi».

«Come fai a dirlo? Magari avrebbe preferito per te una donna del tuo paese, della tua religione».

«È scritto nel cognome che porto», le rispose.

«Che intendi dire? Non capisco», Jamil si tirò su e con il dito indice della mano destra, scrisse sulla sabbia il suo cognome dicendole «adesso leggilo dalla fine al principio».

Lei lo lesse scandendo attentamente ciascuna lettera, e ciò che le sue labbra pronunciarono fu: «A m a l a». Lo guardò sbalordita. Le sembrava quasi di sentire il suo cuore esplodere di gioia. Avrebbe urlato al deserto di essere la donna più felice della terra mentre lui sorridendo disegnava sulla sabbia un grande cuore attorno al nome. Si rotolarono sulla sabbia come ragazzini felici. Le loro grida d'amore, riecheggiarono nell'immensità del deserto che, come un padre compiacente, gli sorrideva. La luna, c'era anche lei a far da testimone a quell'indimenticabile momento. Con il fiato corto, si fermarono l'uno sull'altra.

«Guardala *habibi*. Guarda la luna. Sembra dirci: sono qui per il vostro amore, per illuminarlo e farlo crescere».

«Crescere? Che vuoi dire?», chiese lei.

«Voglio dire Omar, Yoosuf , Hassan oppure Fatima, Leila... *Inshallah*».

«Oh amore mio! Vuol dire che tu e io... insomma che noi...», Adelina lo guardò eccitatissima portandosi una mano al petto. «Vuoi dire che, che, desideri un bambino tutto nostro?».

«No, Adelina va bene pure una bambina», rispose lui facendole l'occhiolino.

I loro occhi brillavano innamorati, era come se avessero strappato quattro stelle a quel cielo meraviglioso.

«Jamil, sei la cosa più bella di questa vita. Nonostante le difficoltà che stiamo incontrando, sono dieci, cento, mille volte felice della mia scelta. Sono felice di te. Sono felice di noi. Sono felice di tutto. Sì, mille volte sì…», lo accarezzò sul collo e guardandolo profondamente negli occhi concluse: «...sono pronta ad accogliere la nostra creaturina, anche subito, *inshallah*».

Trascorsero la notte stretti l'uno all'altra.

La mattina dopo si svegliarono all'alba. Faceva molto freddo. Entrambi avevano il buon umore negli occhi e l'amore nel cuore. Chissà lei anche in grembo. Il colore della sabbia si era trasformato in un bellissimo color paglierino ed era fresca al tatto. Quando Said li raggiunse, il resto della carovana dormiva ancora. Pregarono insieme. Un'emozione di profondo amore verso quella vita s'impossessò di lei impedendole di continuare a recitare la preghiera. Si guardava intorno e sentiva di appartenere ormai a quella terra, a quella gente, ai suoni e agli odori che si respiravano nell'aria. Avrebbe voluto fermare il tempo. Dopo tanta sofferenza, ora era finalmente se stessa, e un senso di infinita pace le impregnava anche l'anima.

Dopo aver fatto colazione con tè, datteri e noccioline, la piccola carovana riprese il cammino. Erano le dieci e trenta del mattino quando finalmente giunsero a destinazione. Cielo e sabbia si baciavano fino al lontano orizzonte offrendo un accogliente letto di sabbia alle dune che, come silenziose matrone, vi si poggiavano in attesa di essere carezzate.

«Che spettacolo incredibile», commentò sottovoce.

«L'amo», replicò Jamil sommessamente. «Amo il mio deserto», allargando le braccia ad Allah.

Said fece invece gli onori di casa e presentò la duna Erg Chebbi, alla sua maniera.

«Le dune cari signori, sono delle creature instabili. Esse non si rassegnano alla monotonia del deserto e perciò seducono il vento per farsi prima carezzare e poi trasformare. Sono creature arrendevoli che accettano silenziose di diventare più piccole o più grandi. Più belle o meno belle. Le dune insomma come gli uomini, si offrono semplicemente alla volontà di Allah».

Adelina ascoltò e guardò la scena dall'alto del suo cammello con gli occhi da artista quale si considerava. Le sembrò di essere stata catapultata dentro una meravigliosa tela di Picasso nella quale si poteva ammirare un'altissima collina di sabbia dorata, sulla cui sommità si intravedevano due puntini d'uomo in movimento. A valle invece un turbante arancione che narrava con voce seducente la magia di quei luoghi.

Tutti pendevano dalle labbra di Said. Egli intercalava spesso sospirando e guardava verso l'alto come se le parole gli arrivassero dall'aria. Si capiva già da questo che era un uomo di Allah e del deserto.

Adelina e Jamil salirono fino alla sommità della duna e si sedettero. Provarono entrambi una straordinaria sensazione: quella di trovarsi sull'orlo di un precipizio ma senza alcun timore di cadere.

«Jamil», afferrando la mano di lui. «La nostra vita dovrà essere esattamente questa. Una meta raggiunta insieme... una meta e un sogno che diventerà realtà ogni giorno che vivremo insieme, uniti nell'amore».

La gita nel deserto si era conclusa lo stesso giorno.

Adelina sulla strada del ritorno aveva ringraziato il deserto, le stelle, la sabbia, la vita, Allah, Said, e Jamil. Il suo cuore straripava ancora di belle emozioni e di nuove straordinarie certezze. Adesso però aveva solo voglia di tornare a casa e di dare inizio al suo progetto con le cognate.

Capitolo 39

Qualche giorno dopo

Adelina decise di dare inizio al suo progetto. Andò quindi a trovare le cognate per invitarle a bere un tè da lei. L'idea di fondo però non era quella di tracannare litri di tè alla menta, e mangiare dolci a go go, bensì qualcosa di molto più interessante. Nessuna di loro accettò però l'invito. Aisha, agitò il capo atterrita come se le avesse chiesto di ballare la samba a Merzouga. Karima, scappò via dalla stanza come se fosse infestata di rettili. Fatima, la liquidò dicendole semplicemente che aveva molto da fare, e infine Jala le ribadì che, sia la suocera che il marito, non glielo avrebbero mai permesso.

«Jamil, ho bisogno del tuo aiuto per il mio progetto», incalzò mentre lui si toglieva le babbucce davanti l'uscio di casa, visibilmente stanco della giornata.

«Oggi sono stata dalle tue cognate», seguendolo nel piccolo bagno di casa, «...e nessuna di loro ha accettato il mio invito. Credo che nemmeno Allah possa aiutarmi a convincerle. Le ho viste preoccupate, anzi spaventate perciò non ho provato nemmeno a convincerle». Mentre lui s'insaponava il viso con del buon sapone naturale all'olio di oliva.

«Cosa ti aspettavi?», le rispose soffermandosi sugli occhi demoralizzati di lei. «Lo sai come vanno le cose da queste parti. Le donne lavorano duro e si dedicano solo ai figli e ai mariti. Non hanno uno spazio tutto loro e in verità nemmeno lo chiedono. Conoscono già la risposta. No. La vita ha insegnato loro che per non soffrire non si deve domandare, si rinuncia e basta», aggiunse asciugandosi il viso.

«Sì, Jamil, lo so, ma è proprio per questo motivo che vorrei riuscire a far vivere loro un'esperienza nuova, importante e divertente allo stesso tempo...».

«Allah ti aiuterà! Troverai qualcos'altro», chiuse il discorso restituendole l'asciugamano. Adelina gli fece una smorfia, poi appese al muro l'asciugamano e lo inseguì in camera da letto mentre s'infilava una maglia bianca e si accingeva a preparare il tappetino per la preghiera del pomeriggio.

«Vieni accanto a me, oggi leggeremo un nuovo passo del *Corano*, ti aiuterà a non perderti d'animo vedrai».

Adelina sembrò fulminata da quelle parole. Cosa stava pensando? Cos'altro le stava passando per la testa?

«Cos'è che faremo? Ti dispiace ripetere?».

«Pregheremo».

«No, no! Cosa hai detto prima?».

«Uhm... che leggeremo insieme un nuovo passo del *Corano*. Perché me lo chiedi?».

«Ci sono!», gridò felice. «Ho trovato la soluzione al problema e tu...», gli disse puntandogli scherzosamente il dito sul petto, «...tu mi aiuterai».

«Cosa hai pensato stavolta? Sentiamo», le domandò mentre sistemava gli angoli del tappetino della preghiera. Jamil s'inginocchiò, poi rivolgendo gli occhi in cielo esclamò con tono scherzoso: «Ti prego Allah, fa che l'idea di mia moglie non sia un disastro peggiore dello scioglimento dei ghiacciai».

Lui conosceva quel suo sguardo eccitato, e capì di non avere scampo. Acconsentì e quindi si preparò all'ascolto. S'inginocchiò anche lei e senza indugiare gli spiegò nel dettaglio il suo piano.

La mattina seguente, armato di tanta pazienza e amore per sua moglie, Jamil si recò a casa dei suoi genitori. Pregò con loro e dopo colazione si fermò per poter dare inizio al piano. I rapporti con la sua famiglia intanto erano decisamente migliorati o perlomeno così sembrava. Era rimasto però ancora un po' teso il rapporto con la madre, la quale non aveva smesso un momento di provare fastidio per quel matrimonio del figlio.

«Vorrei parlarvi», esordì dalla sala comune, sperando di far breccia nei loro cuori.

«Di cosa?», rispose uno dei suoi fratelli voltandosi verso di lui mentre stava per varcare la soglia di casa per andare a lavoro.

«Di mia moglie Faiza», replicò lui girando il bottone della sua tunica, fingendo imbarazzo. La mamma si precipitò dalla cucina verso di lui fiduciosa che Allah avesse finalmente ascoltato le sue innumerevoli preghiere, ossia che la ripudiasse e sposasse la vera promessa sposa. Circondarono Jamil e attesero che lui parlasse.

«Mia moglie...», creò suspense tacendo qualche secondo, «mia moglie ha bisogno di tutti voi. Vi prego, aiutatemi ad aiutarla».

Sollevò leggermente gli occhi per cogliere i primi stati d'animo. Con gran sorpresa vide intorno a sé facce perplesse, fronti corrugate dal dubbio, e occhi spalancati dalla sorpresa. I bambini sghignazzavano mentre le madri li mettevano a tacere prendendoli in braccio affinché tacessero.

«Cosa le è successo?», domandò uno dei fratelli.

«Ecco vedete...», replicò lui estraendo dalla tasca un foglio di carta bianco piegato in quattro parti. «L'ho trovato per caso sul nostro letto. Faiza l'ha scritto qualche sera fa, e poi se ne è dimenticata abbandonandolo sul letto».

«Cosa ha scritto quella Cristiana? Coraggio leggi, vogliamo sapere», incalzò sua madre con l'espressione di una strega speranzosa. Jamil la ignorò e iniziò a leggere. La stessa mattina insieme ad Adelina l'aveva letta, riletta e corretta più volte, sapendo con esattezza cosa scrivere, perché e come.

Nonostante gli sforzi che ho fatto in queste mie prime settimane a Merzouga, devo riconoscere umilmente di non essere ancora degna di considerarmi una vera musulmana. Temo proprio che il grande Allah mi abbia già abbandonato e ora rischio di trascinare Jamil e la sua famiglia nella vergogna. Cosa dovrei fare di più di ciò che ho già fatto? Indossare il velo? Pregare? Digiunare? Mantenere dei comportamenti appropriati in pubblico? Ho fatto tutto questo e tanto altro che il mio adorato marito mi ha pazientemente insegnato, ma sento di essere ancora ben lontana dal potermi considerare una musulmana. Cosa mi manca Allah? Cosa dovrei fare? La mia pena è ormai al limite. Mi dovrei forse arrendere? O forse dovrei tornare al mio Dio? Alla mia chiesa cattolica?

«Infedele, maledetta...», inveì la suocera sentendosi provocata da quelle parole. Jamil alzò lo sguardo su di lei e chiese perdono ad Allah per la sua ignoranza.

«*Astaghfiur Allah*», poi proseguì la lettura.

Forse dovrei studiare il Corano? *Ma si, ogni musulmana che si rispetti conosce benissimo il* Corano. *Ma chi, chi può insegnarmelo?*

Finì di leggere la lettera e poi la ripiegò lentamente. La serpe si schiarì la voce in segno di disapprovazione.

«Jamil, le donne di questa famiglia insegneranno il *Corano* a tua moglie Faiza. Stai tranquillo faranno di lei una vera moglie musulmana, perché *Allah Akbar*. Sempre», sentenziò uno dei fratelli dandogli un'affettuosa e rassicurante pacca sulla spalla.

«Baraka Allahu fik». Che la benedizione di Allah sia su di voi, rispose Jamil, immaginando già il viso di sua moglie esplodere di felicità.

Il loro piano aveva quindi funzionato. Presto Adelina avrebbe avuto la possibilità di offrire alle sue cognate uno spazio di libertà di cui non avevano mai potuto godere. Non le piaceva l'idea di aver dovuto scomodare Allah per questo, ma si era ripetuta più volte che "il fine giustifica i mezzi".

Capitolo 40

Quando per la prima volta, Fatima, Karima e Jala, varcarono la soglia della casa di Adelina, era il luglio del 2012 e il 1433 del calendario islamico. Delle cinque cognate mancavano soltanto Aisha e Layla. La prima era una fedelissima della suocera, quindi non l'avrebbe mai offesa recandosi a casa di Adelina. Layla, invece non usciva mai di casa perché aveva una sorta di fobia per il mondo esterno.

L'inizio degli incontri coincise con il mese del Ramadan, quindi nel più assoluto clima dell'austerità e dell'assoluta religiosità. Le ragazze arrivarono puntualissime. Adelina si attenne scrupolosamente alle regole di comportamento stabilite dalla legge musulmana, e quindi per tutto il mese sacro del digiuno, non offrì loro né da bere, né da mangiare. A turno, a una delle ragazze spettava il compito di portare il *Corano*. Giunte sull'uscio di casa, lasciavano le loro babbucce a terra ed entravano silenziose in fila indiana, a testa bassa. Dopo i saluti, sedevano in cerchio sul grande tappeto e iniziavano a leggere come sapienti scolarette al loro primo giorno di scuola.

Trascorsero un paio di settimane. Nessuna di loro mancò a un solo incontro, e qualche spiraglio di risolino spontaneo era nel frattempo apparso nei loro volti abitualmente inespressivi. Eccetto quello di Fatima, sempre sorridente.

Qualche tempo dopo, con grande stupore di Adelina, si unirono al gruppo due ragazze del vicinato, e nei giorni a seguire altre ragazze dei dintorni. Il passaparola, stava funzionando alla grande. In breve tempo alle quattro del pomeriggio di ogni martedì e domenica della settimana, sull'uscio di casa Alamà, si vedevano tante babbucce.

Adelina voleva gridare al miracolo, era felicissima, e ora che mancava un giorno alla fine del Ramadan poteva finalmente dare un volto nuovo a quel gruppo nato con ben altri scopi non detti. Ramadan a parte, le ragazze rimasero piuttosto rigide e perlopiù silenziose. Le loro spalle erano cadenti come salici piangenti e i loro occhi spesso vagavano nel nulla come anime in pena. In certi momenti sembravano delle sagome mute che si trovavano in quella casa, solo per non stare in quella loro. Adelina non si perse d'animo, anzi considerò che fossero proprio nel posto giusto.

Adesso avevano uno spazio tutto loro dove poter stare in silenzio – se lo desideravano – ascoltare la lettura del *Corano,* o semplicemente trastullarsi su una nuvola di relax. Lo step due del progetto, non poteva però iniziare se tutte non si fossero sentite completamente libere e al sicuro. Accortasi della timidezza di alcune, prima di dar inizio alla lettura dei versetti, Adelina si avvicinava prendendole per mano e le invitava a sedersi al suo fianco. Essere gentile, affettuosa e premurosa si rivelò una strategia vincente. A poco a poco, infatti le sagome silenziose divennero donne pensanti e soprattutto parlanti. Tutte leggevano e parlavano con palese contentezza e in libertà.

«Ragazze, vi piacerebbe dare un nome al nostro gruppo?», domandò Adelina.

La risposta fu il silenzio e fronti aggrottate dal dubbio. Qualcuna bisbigliò sommessamente all'orecchio dell'altra, ma nessuna di loro le rispose direttamente. Quindi, dopo un giro di ricognizione visiva, Adelina riformulò la domanda sorridendo.

«Ragazze, quando una donna partorisce un bambino cosa gli dà? un...?».

«Un nome», rispose Halima.

«Brava Halima», replicò Adelina, poggiandole una mano sulla gamba. «Bene ragazze, dato che adesso siamo diventate un gruppo di *amiche*, vi andrebbe di dare un bel nome al nostro gruppo? Non so, per esempio le donne di Merzouga?», propose con il primo nome che le venne in mente per incoraggiarle.

«No Faiza. Non va bene, non ci siamo *tutte*», replicò Karima, facendo spallucce.

Si divertirono un po' prima di arrivare al nome, e comunque vederle serene, ridere e scherzare, era per Adelina un primo importantissimo obiettivo raggiunto.

«Le ragazze del Corano? Vi piacerebbe?», propose infine. Un coro unanime di sì, si sollevò per la prima volta nella stanza, riconoscendo ufficialmente il nome del gruppo.

Con il trascorrere delle settimane, il motivo ufficiale per il quale erano state autorizzate dai loro mariti a recarsi a casa di Adelina, lentamente cedette il posto a spensierate chiacchierate e alla degustazione di dolci fatti in casa dalla stessa Adelina. Ogni incontro di gruppo finì per essere atteso con così tanta eccitazione che Adelina nel vederle arrivare pensava che stessero andando a un matrimonio. Anche lei era sempre più elettrizzata per come stavano andando le cose e perciò cavalcò l'onda della loro soddisfazione e si fece promotrice di un gran numero novità. Dopo la proposta del nome, chiese loro se poteva realizzare un ritratto dei loro incontri, possibilmente mentre questi avvenivano. Ottenuto il consenso di tutte, nel corso dei due incontri successivi, lo realizzò con cura.

Nel disegno realizzato a carboncino, si vedono dieci ragazze – lei compresa – su uno sfondo bianco, sedute su coloratissimi tappeti berberi a gambe incrociate. Indossano tutte gli abiti tradizionali marocchini e il velo.

L'immagine si apre con Halima, piccola berbera di origini libanesi. Anni sedici, alta poco più di un metro e cinquanta. Indossa un velo di color rosso scuro su un colorito di pelle molto scuro. Il gruppo la chiama 'la topina' per via di un pungente odore di formaggio che emanano i suoi abiti ormai logori. Halima si occupa dei suoi tre figli, del marito, della casa, e di circa venti pecore e quattordici galline.

Accanto a lei c'è Muna, detta 'la mamma'. È la più grande delle ragazze del gruppo. Anni venticinque e altrettanti venticinque di dolore addosso e nel cuore. Indossa sempre un velo di color viola. Muna si definisce una 'grossa palla inutile'. In paese si dice che avesse più volte tentato di farla finita, perché stanca di sottomettersi a un marito anziano e violento, e che non era stato nemmeno capace di darle un figlio.

A seguire Rania, detta la "bella giraffa" per via della sua insolita altezza. Sdraiata a pancia in giù come una bambina non riesce a stare ferma oltre i dieci secondi, e trova sempre un pretesto per ridere di qualsiasi cosa. Porta un velo colore giallo uovo a chiazze marroni. Ha tentato di scappare da Merzouga, ma la gente del paese l'ha riportata ogni volta a suo marito che, senza esitare, l'ha picchiata per punirla.

Incollata a lei c'è Fatima, cognata di Adelina, anni ventidue. Indossa sempre un velo color blu notte, perché dice che il male del diavolo si nasconde spesso nei colori accesi, come il giallo, il rosso e l'arancione. Crede alla magia nera, agli spiriti e a tutto ciò che di paranormale esiste.

Fatima aveva appena compiuto quindici anni quando fu data in sposa dai suoi genitori in cambio di denaro. Il prescelto era un uomo venti anni più vecchio di lei, che aveva già moglie e figli. Dal giorno in cui lei fece ufficialmente ingresso nella casa coniugale dell'uomo, come sua sposa, si scontrò inevitabilmente con la gelosia della prima moglie, la quale non tardò a farle pesare la sua sgradita presenza. Presto, approfittando della sua indole buona unita alla giovane età, la schiavizzò, la costrinse poi a far duri lavori domestici e a dormire con gli animali in cortile. Ma la cosa più crudele che quella donna fece, per sbarazzarsi di lei, fu di farla abusare sessualmente da uno dei suoi fratelli. Non una ma tante volte. Quando poi disgraziatamente rimase incinta, la piccola Fatima, su pressione della donna, dovette confessare al marito un reato che non aveva mai commesso: l'adulterio. Venne quindi picchiata a sangue e ripudiata immediatamente e ovviamente cacciata di casa. Nei mesi successivi si scoprì che si era solo trattato di un ritardo del ciclo mestruale e che non era incinta. Poté ritornare a casa dai suoi genitori, dopo aver vagabondato per settimane, sola e affamata. I suoi genitori, però l'accolsero a condizione di sposare subito un altro uomo. Stavolta più giovane del primo ma non meno prepotente. Il giovane sposo era Rashid fratello di Jamil, che per sua fortuna, la stessa mattina dopo le nozze, se ne tornò in Libia, dove viveva e lavorava ormai da anni. Una ragazza piccola di statura ma straordinariamente grande d'animo, come in avvenire le dimostrò.

A fianco di Fatima c'è Yasmine, quattordici anni. Il gruppo la chiama 'la bambina' perché molto spesso piangeva come una bambina, anche per questioni di poco conto. Indossa un velo ampio che le copre anche il volto, di uno strano colore simile al ferro arrugginito e nessuno può toccarglielo. Teme sempre di restare a testa nuda.

A seguire c'è Jala, anche lei cognata di Adelina. Ha diciotto anni. Indossa veli dai colori molto vivaci in contrapposizione agli ampi vestiti molto scuri che la coprono integralmente. Le sue mani sono completamente ricoperte di henné, tali da sembrare guanti in pizzo. È la più vanitosa del gruppo e forse per questo motivo osserva spesso Adelina cercando di emularla.

Poi c'è Falak, vent'anni. Nel ritratto sembra triste, e tiene la testa china di lato con un'espressione persa nel vuoto. Ha vissuto l'infanzia nel deserto, patito la fame, il caldo e la sete.

A seguire c'è Karima, cognata di Adelina che è invece l'artista imprenditrice del gruppo. Fa l'henné a tutte le donne del paese contro il volere della serpe, che la vuole sui telai a far tappeti per lei.

A chiudere il cerchio c'è infine Maryam, diciannove anni. È stata costretta dalla famiglia a sposare un ragazzo che vive in America e che torna a casa ogni tre anni solo per metterla incinta. Ha tre figli, un orticello, due cani e dieci galline a cui badare.

Qualche giorno dopo

«Meraviglioso!», commentò Falak, con gli occhi incollati al quadro finito.

«Incredibile!», commentò Maryam, con gli occhi spalancati.

«Spettacolare!», disse Falak, strappandolo dalle mani di Fatima.

«Però sono io la più bella», replicò Rania, alzando il tono allegramente.

Una marea di belle emozioni e sguardi incantati fluttuarono nella stanza mentre il quadro girava tra le loro mani come se fosse una delle più importanti opere del museo del Louvre. Nessuna delle ragazze si era mai vista in quella luce. Nessuna di loro conosceva il piacere di vedersi in foto, figuriamoci in un ritratto. Esauritosi a poco a poco l'entusiasmo iniziale, appesero il ritratto alla parete della stanza. Fu intitolato ovviamente *Le ragazze del Corano*.

Capitolo 41

Alcuni mesi dopo

Jamil era riuscito a trovare un lavoretto presso un cantiere edile. Non era quello che aveva sempre sognato ma di sicuro era quello di cui aveva bisogno in quel momento.

Adelina invece dopo numerosi tentativi era riuscita a restare incinta. Era già al suo quinto mese di gravidanza. Il dottor Freni la seguiva a distanza modificando passo dopo passo la terapia oramai quasi esclusivamente a base di integratori alimentari.

Nel frattempo divenne il mito delle sue ragazze, l'icona della donna occidentale. Quella a passo con i tempi, insomma la loro finestra sul mondo. Quel mondo che non conoscevano affatto ma che ora cominciava a incuriosirle. Le ragazze la imitavano in tutto ciò che lei faceva o diceva. Impararono in poco tempo i tipici gesti occidentali, come per esempio fare l'occhiolino, schioccare le dita della mano, e dire le parolacce in lingua italiana. *Caspita, maledizione, per la miseria, belin* e *accidenti* erano le loro preferite, che intercalavano simpaticamente nel loro dialetto berbero storcendole un po'.

Impararono anche a incipriarsi il naso, a pettinarsi in maniera stravagante, a depilarsi la peluria sopra il labbro superiore, rifiorendo in tal modo come piccole orchidee del deserto. Ciò che cambiò radicalmente l'atmosfera del gruppo fu la danza. Sulle note di Ragheb, noto contante arabo, approntarono una simpaticissima coreografia che avrebbe lasciato a bocca aperta i loro mariti e infartuato il paese in pochi secondi, Jamil compreso. Il modo in cui danzavano era scandaloso, a dir poco provocante. Si divertivano come mai era capitato fino ad allora. Ognuna rideva dell'altra, ma nessuna si tirò indietro da quel circo di simpatia. Un'altra cosa che le affascinò particolarmente fu imparare a farsi i massaggi anti-cellulite. Fino a quel momento della loro buccia d'arancia sulle cosce non gliene era importato nulla, ma dopo che Adelina aveva mostrato da una rivista le cosce magre di alcune modelle europee, anche loro vollero provare a migliorare il loro aspetto fisico. Per il massaggio usavano olio di Argan puro, con il risultato di ritrovarsi una bella pelle vellutata e con il loro strato di buccia d'arancia indisturbato lì dov'era. Trascorsero un paio di settimane, l'eccitazione delle ragazze contagiò tutte, anche le più timide. Ogni incontro iniziava con un rituale liberatorio. Entravano tutte alla stessa ora, poi dopo essersi accertate che le tende delle stanzette fossero chiuse, si toglievano il velo e lo gettavano in aria schiamazzando come bambine in festa.

Adelina, ogni volta, avvertiva una fitta al cuore per l'emozione. Aveva finalmente ottenuto ciò che desiderava da quando era arrivata a Merzouga: essere una di loro, ma soprattutto era riuscita a offrire a delle povere giovani donne uno spazio segretissimo, dove poter godere di momenti tutti al femminile. Un luogo in cui poter mandare al diavolo coloro che le maltrattavano e che toglievano loro anche la dignità d'esistere. In altre parole, uno spazio in cui liberare la loro anima oppressa e dare respiro ai loro cuori vuoti d'amore. All'interno del suo gruppo c'era complicità, armonia e quella dimensione di intimità tra donne che le faceva sentire più forti e meno sole. Osservandole dalla cucina, mentre preparava il tè, le sembrava che fossero passati anni da quelle noiose mattine in cui chiusa in casa dalla suocera, contava e ricontava i tappeti per far passare le ore.

In paese, grazie a passaparola delle ragazze, si diceva che la Cristiana occidentale fosse riuscita – grazie alle letture del *Corano*, e all'aiuto ricevuto – a redimersi a diventare quindi una musulmana fedele ad Allah. L'obiettivo era stato quindi raggiunto. Adelina era riuscita a trasformare la sua condizione di cristiana in una risorsa. Ancora una volta aveva dimostrato a se stessa, che la sua natura combattiva l'aveva premiata. Fin da principio non si era mai voluta arrendere. Aveva creduto alla sua nuova vita e aveva cercato in tutti i modi di superare i grandi e piccoli ostacoli. E ora che aveva un gruppo di amiche, una buona reputazione e l'allegria di quelle giovani ragazze che le riempivano l'anima d'amore, non poteva che sentirsi fiera di sé.

Le ragazze, dopo essersi liberate del velo, lasciato cadere a terra come uno straccetto inutile, si univano in cerchio a spalle basse, formando un cordone circolare. Poi come atlete prima di disputare una gara importante, urlavano a squarciagola il loro motto:«*Noi senza voi*» riferito alle famiglie e ai mariti «*belle e contente siam tra noi*!», seguito dal tipico suono beduino che chiudeva il rituale di apertura.

A quel punto il cerchio si scioglieva e si allargava a circolo esattamente come l'acqua di un lago sotto l'effetto di un sasso. Si mettevano quindi a sedere su dei grandi cuscini sparsi sul pavimento, e iniziavano a chiacchierare del più e del meno come generalmente si fa tra amiche in intimità. C'era sempre chi portava il dolce, chi preparava le foglie di menta per il tè, chi l'incenso e chi il *Corano*, che però rimaneva relegato in un angolo della casa senza ricevere alcuna attenzione, se non nel momento di riprenderlo per andar via. Insieme erano tutte molto spassose e allegre al punto che osservandole dall'esterno si poteva pensare che avessero bevuto super alcolici al posto del tè alla menta. Ridevano senza controllo e si burlavano a vicenda in maniera tragicomica.

Yasmine era la sola che non riusciva a lasciarsi andare a quell'orgia di svago e confidenze al femminile. Aveva sempre il terrore negli occhi, e in alcuni momenti le mani le vibravano come se tremassero di terrore. Adelina non la perdeva mai di vista l'abbracciava e la teneva per mano, sperando di riuscire a farla sentire al sicuro.

Un pomeriggio le ragazze le portarono un piccolo dono fatto dalle loro stesse mani dicendole: «Qui, con te, noi ci sentiamo libere e felici, tu sei la nostra grande amica Faiza. Baraka Allahu fik», le dissero.

«Ragazze care», rispose lei carezzando delicatamente il fagottino contenente gli orecchini realizzati a mano, «sono io a dirvi grazie. Mille volte grazie. I vostri sorrisi, la vostra spensieratezza hanno reso la mia vita a Merzouga meravigliosa. Sapete una cosa? Prima di voi, di noi, delle Ragazze del Corano insomma, ero una donna sola, fortunata ma sola. E adesso? Mi sento la donna più felice del Marocco, anzi no, del mondo intero. *Allah Akbar*».

Il cuore di lei batteva all'unisono con quello delle ragazze. E quando anche loro risposero: *Allah Akbar* in quel preciso istante, per qualche ragione che nemmeno lei seppe spiegarsi, si convertì definitivamente all'Islam. Avrebbe voluto al suo fianco Jamil, dirgli che l'amava, che amava tutto ciò che Allah le aveva donato. Tutto eccetto la serpe, che fino a quel momento sembrava essere caduta in letargo. Ma si sa, prima o poi ci si sveglia dal letargo e allora? Allora tutto ricomincia.

Capitolo 42

Nei mesi successivi, gli incontri erano continuati all'insegna della consueta allegria e spensieratezza che li caratterizzava da sempre.

Poco dopo lo scadere dei nove mesi, cominciò per Adelina un lungo e doloroso travaglio. L'idea di dare alla luce suo figlio la emozionava moltissimo, ma allo stesso la terrorizzava. Adelina pensava infatti che il parto non fosse così poco rischioso come da millenni si diceva, e soprattutto non lo era per chi come lei avrebbe partorito in una casetta alle porte del deserto.

Laila, l'allevatrice del paese le diede un colpetto sulla guancia e le strillò di svegliarsi. Per esortarla le disse che il suo bambino voleva venire al mondo, ma aveva bisogno del suo aiuto, altrimenti non ce l'avrebbe mai fatta da solo. L'amore di mamma a quel punto ebbe il sopravvento sul dolore e la spossatezza. Con l'aiuto di Fatima e di Jamil iniziò le spinte. Lui però non poté assistere al parto. Per Laila era impensabile che un uomo entrasse e tenesse la mano a una donna sul punto di partorire e Jamil, pur se contrario, preferì non opporre resistenza a quell'abitudine.

All'una e cinquanta del mattino, un pianto incessante decretò la nascita di una bellissima bambina. Quando, poco dopo, Laila gliela diede in braccio Adelina e Jamil piansero commossi. Lei provò un'emozione nuova, meravigliosa e senza dubbio ancor più intensa di quanto potesse immaginare. Guardò la sua creaturina con aria incantata, quasi incredula di essere stata capace di mettere al mondo tanta bellezza. La baciò a lungo sulla fronte, in testa, sulle guance e poi la scaldò tra le sue braccia sussurrandole le sue prime parole d'amore. Adelina avrebbe fermato il tempo, il mondo, la vita. In quel momento aveva tutto ciò di cui aveva bisogno. Non voleva altro che la sua famiglia.

«È proprio bella la nostra bambina», le disse lasciando che copiose lacrime gli solcassero le guance. Lui, quel ragazzino che giocava con i compagnetti a contare i cammelli e costruire dune, era diventato papà di una bellissima bambina.

«Sì, è cosi», rispose lei con voce rotta dall'emozione.

«La chiameremo Jamilina».

Jamil era quello che aveva più fantasia nella coppia e lo dimostrò anche in quell'occasione.

«Jamilina?», rise lei strizzando gli occhi.

«Jamilina sta per Jamil più Adelina quindi Jamil-ina».

«Meraviglioso amore mio, non potevi pensare a un nome più bello. Sei l'amore più grande, sai? Anzi no», gli rispose con voce vibrante dall'emozione, poi guardò la piccola e si corresse «Siete i miei amori più grandi».

«Più grandi di cosa?», rispose lui scherzando.

«Del tuo Sahara e di tutti gli oceani, i mari, i deserti e il cielo».

Una mattina di qualche giorno dopo, mentre Adelina lavava un tappeto in cortile insieme a Fatima, questa approfittando di un momento di calma le confidò quanta paura aveva avuto per lei nelle settimane precedenti il parto. Jamil si era allontanato da Merzouga per lavoro e Fatima si era ritrovata a farle da mamma in un momento molto delicato della sua gravidanza.

«Certo che è molto strano che una gravidanza faccia fare tutte quelle cose pazzerelle!», le disse mentre insaponava la sua parte di tappeto.

Due mesi prima

Era giunta al settimo mese di gravidanza. Jamil, in quel periodo, si era dovuto allontanare alcuni giorni da Merzouga per motivi di lavoro per la vendita dei tappeti. Nonostante Adelina avesse dovuto ridurre e modificare parte della terapia farmacologica in accordo con il dottore Freni, le cose erano andate molto bene. Ma si sa il bel tempo non dura molto. Ed ecco infatti arrivare i primi sbalzi d'umore. Sbalzi che non promettevano nulla di buono. Primo sintomo: l'insonnia. Adelina cominciò a dormire soltanto poche ore a notte. La mattina si alzava prestissimo allegra, energica e scattante. Secondo sintomo: l'energia. Era sempre in movimento e preparava grandi quantità di cibo che finivano nel secchio per le galline. Raccoglieva, lavava, stirava, cucinava e tagliava verdure dall'orto in grandi quantità. Terzo sintomo: la bizzarria. Spazzava casa ballando stretta al manico di scopa, e rideva a squarciagola per qualsiasi cosa vedesse o facesse. Inoltre stendeva i panni con il capo scoperto, le mutandine senza coprirle con il lenzuolo e soprattutto parlava sola a voce alta. Una vicina la vide addirittura nel pollaio intenta a lanciare allegramente uova in aria come fanno i giocolieri al circo. Il suo caschetto riccio era ormai una criniera imbizzarrita. Purtroppo, Adelina era diventata pura adrenalina. Il suo bipolare era tornato all'attacco, era riemerso, e stavolta con l'euforia. Lieve ma evidente. Le ragazze del Corano, che di tanto in tanto le andavano a fare visita meravigliate dalla sua stravaganza le diedero un consiglio.

«Faiza, noi pensiamo che tu sia posseduta dal diavolo. Dovresti andare da un *fkihse* e farti curare. *Inshallah* dopo starai bene. Torneremo a trovarti solo allora», le disse un giorno Muna, a nome di tutte le altre.

«Ma no, ragazze! Non esagerate. La vita è bella. Dai venite dentro, godiamocela», le aveva risposto con tono scanzonato mentre piroettava come una ballerina con il pancione.

Fatima non l'abbandonò un solo giorno. Quella ragazza aveva la maturità di una donna vissuta. Era saggia e perspicace.

Una mattina, entrando in casa di Adelina, l'aveva trovata davanti allo specchio. Aveva gli occhi truccatissimi e addosso una quantità di profumo al gelsomino da sembrare ella stessa la pianta in fiore. I capelli erano lasciati liberi e voluminosi come una chioma d'albero. Aveva pronti sul letto gli occhiali da sole. Era chiaro che volesse andare in centro vestita come una qualsiasi turista italiana, e soprattutto senza velo e con tanta energia negli occhi che parevano palline ruotanti. Fatima, quella mattina stentò a riconoscerla. Si chiese dove fosse finita la sua amata e giudiziosa cognata, ma allo stesso tempo si rese conto che non era quello il momento di farsi domande. Doveva fermarla assolutamente, pena il suo massacro.

«Faiza, ascoltami bene, oggi è meglio che tu non esca di casa», le aveva consigliato. Non sapeva cosa inventarsi per fermarla. Si lasciò quindi guidare dall'improvvisazione.

«E perché? Il tempo è così bello oggi!», le aveva risposto Adelina con voce squillante mentre continuava a impiastricciarsi il viso.

«Faiza, si dice che vi sia in giro un virus letale che colpisce le donne in gravidanza. Due donne del paese hanno già perso il loro bambino. Ti prego, non uscire, ti porterò io ciò di cui hai bisogno. Sei d'accordo?».

Si voltò di scatto. Si strofinò gli occhi come se avesse prurito, e fortunatamente per qualche strana ragione rinsavì per qualche minuto. Chiuse con energia il cofanetto degli ombretti e lo ripose sotto il letto.

« Se è così, allora resterò in casa. Ma dai ora balliamo», aggiunse trascinandola in un ballo bislacco a ritmo della sua voce.

Adelina si fermò ad ascoltarla e provò molta gratitudine per quella piccola e coraggiosa ragazza che le era sempre stata vicina. Decise perciò che era arrivato il momento di confidarle il suo problema.

«Fatima devo dirti una cosa, molto importante. Ma promettimi che non ne farai parola con nessuno».

«Contaci», replicò asciugandosi le mani sul suo grembiule.

«Sai Fatima cara, non è colpa della gravidanza se all'improvviso ho fatto tutte quelle cose pazzerelle. Come le definisci tu».

«No?».

«No!».

«E allora cosa ti è successo?».

«Vieni Fatima, sediamoci qui».

Si sedettero su una panchina in legno posta accanto alla porta che dava sulla cucina. Provò a spiegarle per sommi capi il suo disturbo, anche se Fatima continuava ad arricciare le labbra, segno che non stava comprendendo nulla. Con calma e pazienza, ripartì quindi da zero.

«Faiza, ma allora tu sei come un cammello?», sì senti dire a un certo punto.

«Un cammello? In che senso, scusa?», le chiese sorridendo di quella strana similitudine.

«Si dice che le due gobbe del cammello siano una la gobba dell'allegria, e l'altra quella della tristezza».

«Perché?», Fatima fece spallucce non conoscendo la risposta. Adelina scoppiò a ridere e abbracciandola le disse: «Sì cara Fatima, il concetto è più o meno quello. Il mio umore ha due gobbe. Hai proprio ragione».

Dopo aver sciolto l'abbraccio, carezzandole una guancia le disse: «...grazie piccola e cara berbera del mio cuore. Ti sono grata, anzi io e Jamil te ne saremo grati per sempre».

Fatima era stata provvidenziale per lei, l'aveva salvata da ciò che sarebbe potuto diventare il male peggiore della sua vita: l'esclusione assoluta e irreversibile dalla comunità in cui vivevano.

Capitolo 43

La piccola Jamilina, con il suo arrivo aggiunse all'impasto di dolcezza e amore che c'era nel loro rapporto un ingrediente in più: la magia dell'essere genitori. Era il giorno del suo primo compleanno. Adelina e Jamil erano eccitatissimi. Avevano fatto arrivare da Marrakech decine di palloncini rossi, gialli, verdi e blu pieni di coriandoli. Ma anche trombette e cappellini colorati per tutti gli ospiti di quella festa in pieno stile *Italy*. La stessa mattina Adelina aveva preparato la sua amata torta quadratona.

La chiamava così per via della sua forma quadrata – appunto – e la sua generosa altezza quattro volte superiore a quella delle torte medie di Pan di Spagna. L'aveva decorata con della glassa rosa confetto e vi aveva disegnato cuori e fiori di pan di zucchero. Il nome della bambina al centro. Portandola in tavola le venne in mente il giorno in cui l'aveva preparata per l'ultima volta a Genova. Era il giorno del suo compleanno, quello che poi aveva trascorso ricoverata in psichiatria. Tina, la sua torta, l'aveva sempre definita la 'quadratona dei predoni' affermando che solo un predatore poteva avventarsi in una torta di quelle dimensioni. Da quel giorno, quella torta non l'aveva voluta più né preparare e neppure ricordare.

Attorno alla torta c'erano tutte le persone più importanti della loro vita a Merzouga: la famiglia di Jamil, eccetto la madre, le ragazze del Corano con i loro mariti, e gli amici più intimi. Erano pronti davanti alle candeline accese circondate da allegre fiaccole che lanciavano decine di stelline luminose. Le ragazze continuavano a schiamazzare con allegria, mentre i bambini strombazzavano come impazziti e gli uomini parlottavano senza tregua. In casa c'era un'aria di contagiosa allegria.

La piccola Jamilina era incantata e forse anche un po' frastornata da tutto quel trambusto di suoni, colori e movimento che si esibiva ai suoi occhi. Improvvisamente però lo sguardo di tutti i presenti si spostò all'ingresso della porta di casa, in quell'occasione aperta. Gli uomini smisero di parlare e le donne di cantare. Adelina sollevò lo sguardo dalla torta. Ciò che vide la paralizzò.

«Mi hanno detto che oggi qui si festeggia il compleanno di mia nipote».

Erano finalmente tutti e due davanti ai suoi occhi. Non riusciva a crederci. Le sembrava un sogno. Un bel sogno che si era realizzato. Incredula, dovette stropicciare gli occhi e poi riaprirli per essere certa che fosse tutto vero, che fossero loro. Ma sì, erano proprio loro.

«Papi!», mormorò con un filo di voce, immobile come una statua. «Papi!», ripeté ancora incredula mentre Jamilina si contorceva sulle sue braccia per acciuffare la fiamma delle candeline.

Jamil sorrise sorpreso. Sapeva quanto sua moglie avesse atteso quel momento. Quanto avesse desiderato riabbracciarlo. Le tolse quindi la bambina dalle braccia e le disse: «vai, vai da lui Adelina».

Un secondo dopo padre e figlia si stavano abbracciando con passione. Lei piangeva come una bambina singhiozzando, mentre Simone continuava a far bolle con la sua irrinunciabile chewing gum guardandosi intorno.

Adelina si aprì anche a lui e finalmente tutti e tre poterono riabbracciarsi come avevano desiderato nei lunghi mesi di lontananza. Jamil a quel punto si avvicinò con la bambina. Adelina la prese in braccio, la baciò con tenerezza in fronte e poi la porse al nonno, dopo averle aggiustato velocemente il suo bel vestitino rosa.

«Papi mio, fratellino caro», rivolgendosi a entrambi, «lei è Jamilina. Nostra figlia», rivolgendo uno sguardo complice a Jamil. La piccola al tocco del loro calore emise un simpatico vocalizzo che commosse il nonno già pazzo di lei.

«Caro ragazzo», rivolgendosi poi a Jamil. «In questi lunghi mesi ho pensato di venir qui a riprendermi mia figlia e farti una bella lavata di capo, ma a poco a poco dalle sue lettere mi sono convinto che era in buone mani. Grazie Jamil Alamà, grazie per l'amore che le dai, e soprattutto grazie di averle dato la vita che desiderava. Una vita autentica e di amore puro».

«Amo sua figlia signore, è la cosa più bella che Allah, e la vita potesse donarmi. Ne avrò cura fin a quando vivrò», replicò lui tenendo la mano poggiata al cuore.

«Vieni ragazzo, fatti abbracciare», lo cinse con un braccio mentre Jamilina continuava a sorridergli come se stesse assistendo a un gioco meraviglioso.

Le donne cominciarono il loro canto berbero, quello delle feste e dell'allegria.

«Llulùù...», che diede ufficialmente inizio alla festa.

«A proposito di nonni. E le due nonne?», commentò Jamil, la sera a letto abbracciato a lei. «A quanto pare il detto: 'il tempo guarisce tutte le ferite…' per qualcuno non è così», rispose lei.

«Beh, pazienza...», dopo aver baciato la piccola in fronte aggiunse. «Ci sono momenti ed emozioni che non tornano più. Se li perdi una volta, li perderai per sempre. Le nostre mamme perderanno il piacere di amare questo meraviglioso fagottino d'amore... la loro nipotina…».

Stretti l'uno all'altra si addormentarono fiduciosi che il domani sarebbe stato radioso.

Epilogo

Qualche mese dopo

Era tutto pronto per partire. Lasciare Merzouga, il deserto, Said, e le sue amiche, non era facile per Adelina, ma doveva farlo, anzi, per certi aspetti era felice. Anche Jamil aveva il diritto di realizzare il suo sogno, ovvero quello di lavorare come architetto, e lei non poteva desiderare di meglio per l'uomo che amava.

Grazie all'intervento del suocero, Jamil avrebbe cominciato di lì a pochi giorni una nuova avventura professionale ad Abu Dhabi e già fremeva come un ragazzino. Prima di andar via, Adelina sentì il bisogno di scrivere a qualcuno.

Caro bipolare,

rieccoci qua ancora una volta, io e te a far due chiacchiere. Ti scrivo dalla mia casa di Merzouga e non più da quel reparto di psichiatria a cui mi hai destinato l'ultima volta che sei apparso nella vita di Ione, ovvero quella che fa rima con depressione. Reparto che la mia mente vuole solo obliare nei meandri del passato andato. Vorrei dirti così tante cose e non so nemmeno da dove cominciare. Ci provo!

In questo meraviglioso luogo di fascino e contraddizioni, ho provato a restituire valore e dignità alla mia giovane vita, e nella semplicità di tanti cuori ancora puri ho incontrato l'essenza di me.

In questi mesi, ho potuto finalmente amare, ridere, scherzare e piangere senza dovermi preoccupare di essere la 'matta o l'esaurita' ovvero la ragazza a cui mia madre, tu e chi mi stava intorno, avete tolto la gioia di vivere.

Con il trascorrere dei mesi, mi sono resa conto che a volte nella vita è davvero necessario voltare pagina, per avere nuove opportunità e rifiorire senza ombre e stigma.

Bipolare, tu sarai purtroppo parte di me finché morte non ci separi, ma sappi che oggi la tua presenza non mi fa più paura. Ti curerò, almeno così te ne starai buono e calmo, ma quando proverai a riemergere, perché so che ciò accadrà, sappi che il dottor Freni e io non ti daremo vita facile. Adesso ho tutto ciò che mi serve per tenerti testa, e non sono più sola. Lotterò quando e se sarà necessario, e non mi arrenderò mai a te. Penso che tutti cadiamo, o siamo caduti almeno una volta nella vita, con o senza bipolare, ma sai una cosa? C'è chi rimane in terra continuando a lamentarsi, e chi invece nonostante i graffi e le ferite, si rialza lotta e non si arrende. Come dire, quando la vita rovescia la barca e lì che dobbiamo nuotare e resistere. Questo è ciò che farò io, perché sono questa; una guerriera.

Ti ho detestato bipolare, ti ho maledetto, e anche condannato, ma ti confesso, con il senno di poi, che ti devo qualcosa. Se da un lato mi hai tolto tanto, dall'altro mi hai dato altrettanto, e forse di più. Grazie a te oggi sono circondata da tanto amore e dedizione, ho una nuova identità, e nuove amicizie. Vivo ogni giorno splendide emozioni che mi arricchiscono il cuore, ho una casa, una meravigliosa figlia, un nuovo progetto di vita e un marito incomparabile. Grazie bipolare! Non lo avrei mai detto, ma grazie anche a te per tutto questo. Del resto, pensandoci bene, chi mi ha fatto il male maggiore non sei stato tu, ma l'ignoranza e la paura della mia gente, che poi sono diventati il mio stigma, il mio marchio indelebile.

Adesso vado... la mia famiglia mi aspetta. Non posso purtroppo dirti addio, ma spero che chiunque ti avrà nel suo destino possa riuscire a combatterti con la mia stessa forza e determinazione. Nella vita è importante andare avanti, con il sole o la tempesta. E come mi ha insegnato il mio amato padre: "forza e coraggio sempre e comunque".

Mentre leggeri come ali di farfalla, i fogli del suo diario svolazzavano di duna in duna, trasportati da una lieve brezza mattutina, Adelina correva felice a piedi nudi sulla sabbia baciata dal sole. Aveva affidato le pagine del suo diario al deserto, certa che lui li avrebbe custoditi come testimonianza di una vita riconquistata. Anche il deserto le era ormai amico, e come le aveva detto Said, «... il deserto come la vita, può essere un luogo di pace infinita».

La stessa pace che Adelina aveva dentro.

Ai lettori

Vi voglio ringraziare per aver scelto di leggere *Non chiamatemi matta,* e spero tanto che vi sia piaciuto. Vi confesso una cosa: durante la stesura di questo romanzo ho vissuto molte delle emozioni della protagonista. Con lei, e per lei, ho sperato, pianto, sognato, e sofferto. Siamo state una bella squadra. Alla fine, come una cara mamma, è stato molto bello per me vederla realizzata, e soprattutto felice della sua coraggiosa scelta di vita.

Sono profondamente grata a tutti i miei pazienti per avermi ispirato questo romanzo. Le vostre testimonianze commosse, vissute sulla vostra pelle, hanno toccato le corde più intime della scrittrice che abita in me e, che per dar voce alla vostra sofferenza, ne ha fatto un libro di denuncia sociale contro lo stigma della malattia mentale. Vi ringrazio dunque per avermi donato la vostra storia, la vostra anima, e avermi fatto capire come ci si sente dentro una vita da stigmatizzati matti. Un tunnel nero, più buio della stessa malattia che vi è capitata e di cui non avete alcuna colpa. Siete persone meravigliose, molto più sane di quelle che credono di essere "normali"; ma che di normale hanno ben poco. Grazie per questo percorso che, a cuore aperto, abbiamo fatto e vissuto insieme per mesi, anzi, per anni. Siete voi al centro di questo libro, e se soltanto uno di voi riuscirà a trarne beneficio sarò felice, anzi felicissima. Vi amo!

I più sentiti ringraziamenti vanno alla mia casa editrice, Bonfirraro Editore, che ha creduto in me e in questo libro. È un onore e una soddisfazione immensa far parte dei vostri autori. Scriverò sempre al meglio, è una promessa!

Un grazie speciale va al mio compagno Alfredo, lettore seriale, che ha sempre creduto in me e alle mie potenzialità di scrittrice. Un sentito grazie alle mie dolcissime sorelle, Rosetta, Stefania e Luana che, con pazienza, leggono i miei romanzi prima che diventino una realtà editoriale. Grazie *sisters*, grazie per l'incoraggiamento e le critiche costruttive che non mi fate mai mancare. Grazie Mamma e grazie papà, per avermi sempre sostenuto e letto nonostante i miei romanzi non siano il vostro genere preferito.

Un grazie di cuore va alla mia editor, Stefania Crepaldi che, non solo ha reso la mia scrittura migliore, ma mi ha guidato nei complessi meandri della tecnica narrativa insegnandomi tanto per il mio futuro di scrittrice.

E infine un grazie a me stessa, ai miei sogni, e alla mia determinazione di realizzare anche questo sogno.

INDICE

Ristampa 0 1 2 3 4 5 6 7
Anno 2022 2023 2024 2025 2026 2027

Finito di stampare
nel mese di luglio 2022
per conto di **Bonfirraro editore**
da Mediagraf Spa - Noventa Padovana (Pd)
Printed in Italy

MISTO
Carta da fonti gestite in maniera responsabile
FSC® C021939
FSC www.fsc.org